Ebba D. Drolshagen und Regine Elsässer (Hg.)

Weihnachtsglanz im Winterwald

Die schönsten Geschichten,
Bräuche und Rezepte aus unserer Heimat

Mit acht Rezepten von
Ursula Heinzelmann

Ebba D. Drolshagen und Regine Elsässer (Hg.)

Weihnachtsglanz im Winterwald

Die schönsten Geschichten,
Bräuche und Rezepte
aus unserer Heimat

Mit acht Rezepten von
Ursula Heinzelmann

Pendo München Zürich

Mehr über unsere Autoren und Bücher:
www.pendo.de

FSC
www.fsc.org
MIX
Papier aus verantwortungsvollen Quellen
FSC® C083411

ISBN 978-3-86612-264-2

Satz: Satz für Satz. Barbara Reischmann, Leutkirch
Gesetzt aus der Meridien
Druck und Bindung: CPI – Clausen & Bosse, Leck
Printed in Germany

Inhalt

Weihnachten spricht Deutsch

Was ist *typisch deutsch*? Richtig: Weihnachten. Ob Adventskalender oder Weihnachtsbaum, ob das Lied *Stille Nacht, heilige Nacht* oder der Urahn des Santa Claus – alle Traditionen und Rituale, die rund um den Globus mit der Advents- und Weihnachtszeit verbunden werden, stammen aus Deutschland oder, um ganz genau zu sein, aus deutschsprachigen Gegenden Europas. Die ersten geschmückten Tannen standen in Basel und im Elsass, das weltweit bekannte Lied *Stille Nacht, heilige Nacht* wurde in Salzburg komponiert. Doch die meisten Weihnachtstraditionen entstanden in Deutschland (auch wenn diese große Region in der Mitte Europas erst seit 1871 eine Nation ist). Hier wurden zahllose Traditionen und Bräuche zu dem Fest umgeformt und zusammengefügt, das wir heute als Weihnachten feiern. Hier »erfand« Martin Luther das Christkind, bastelte ein Hamburger Pfarrer den ersten Adventskranz, blies ein Glasbläser im thüringischen Lauscha die erste Christbaumkugel, druckte ein Münchner den ersten Adventskalender.

Was wäre die Vorweihnachtszeit ohne Adventskranz, ohne Adventskalender, Nikolausgeschenke, Kerzen und

Plätzchen? Was wäre Weihnachten ohne den geschmückten Christbaum, ohne Heiligabend-Bescherung, ohne Gottesdienst und (allzu) üppige Mahlzeiten! Und ist der Laternenumzug am 11. November, dem Martinstag, nicht der heimliche Beginn der Vorweihnachtszeit?

Früher hatte jede Region eigene Bräuche und Rituale, die im November und Dezember befolgt werden mussten. Wer diese Weihnachtstraditionen lückenlos beschreiben wollte, müsste ein vielbändiges Werk verfassen. Inzwischen sind die meisten davon in Vergessenheit geraten, weil sie zu einem bäuerlichen Leben gehörten, das es nicht mehr gibt. Einige – wie das *Klausentreiben* im südlichsten und der *Jöölboom* im nördlichsten Zipfel Deutschlands – wurden wiederbelebt, bevor sie endgültig ausstarben. Wir werden uns diese und andere Traditionen ansehen, und es wird auch um ihre Herkunft gehen. Dabei gibt es manche Überraschung: Die Tradition der Nikolausgeschenke ist etwa eintausend Jahre alt, die des Adventskalenders nicht einmal einhundert. Die Sitte, an den kargen Dezembertagen immergrüne Zweige ins Haus zu holen, existiert schon seit Jahrtausenden, die Sitte, zu Weihnachten einen geschmückten Tannenbaum ins Wohnzimmer zu stellen, setzte sich erst im neunzehnten Jahrhundert durch.

Im Rahmen des »typisch deutschen Weihnachtsfestes« gibt es für jede Familie Rituale, ohne die es für sie »nicht richtig Weihnachten wird«. Am Heiligabend muss es Hasenbraten geben (oder Würstchen mit Kartoffelsalat, Karpfen, Hirsesuppe, Heringssalat ...). An die Spitze des Christbaums gehört ein Stern, kein Engel. Was für ein Unsinn, dass jeder einen eigenen Bescherungstisch hat! Alle Geschenke gehören unter den Baum, sie werden einzeln verteilt und beim Auspacken schauen alle zu. Ist es vorstellbar, dass jemand am Ersten Weihnachtstag noch nie (nie!) Gans mit Klößen und Rotkraut gegessen hat? Die Gans muss natürlich mit Äpfeln und Kastanien gefüllt sein. Im Elsass füllt man sie mit Bratwurst? Absurd!

Weihnachten ist das aufwendigste und wichtigste Familienfest; ganze fünfundachtzig Prozent der Deutschen feiern Weihnachten in der Familie. Daher erfahren manche erst spät im Leben, dass für andere anderes unverzichtbar ist. Bei Paaren, die das erste gemeinsame Weihnachtsfest planen, treffen – ja prallen! – oft unterschiedliche Familientraditionen aufeinander. Es kann zu Unstimmigkeiten, ja Machtkämpfen darum kommen, wer sich mit seiner/ihrer »einzig wahren Weihnacht« durchsetzt. Kulinarisch bedeutet das, dass es am Heiligabend Kartoffelsalat mit Würstchen, Fleischfondue, Käsefondue, Hirschrücken oder Hawaiitoast geben muss, am Ersten Weihnachtstag Gans, Ente, Kaninchen oder Fisch, und das alles nicht irgendwie, sondern auf bestimmte Weise: Kartoffelsalat natürlich NUR mit Essig und Öl! Kaninchen geht überhaupt nur mit Preiselbeersahnesoße!

Wie existenziell es dabei zugehen kann, erzählt die

Krimi-Schriftstellerin Ingrid Noll: Als sie verlobt war, sagte ihr Auserwählter, sie müsse lernen, Gänsebraten zuzubereiten, sonst gäbe es keine Hochzeit. Angesichts dieser Alternative entschied sie sich für Gänsebraten und Mann – beide gehören seit über fünfzig Jahren zu ihrem Leben. Über die traditionelle Noll'sche Gansfüllung ist übrigens nichts bekannt.

Selbst kühle, moderne Menschen lassen sich im Dezember vom Zauber alter Traditionen anrühren. Ja, es gibt unversöhnliche und unkurierbare Weihnachtshasser. Ja, es gibt Familien, in denen das Fest der Liebe die Zeit größter Zwietracht ist. All das ignorieren wir. Wir wollen neugierig und feierlich gestimmt den Wurzeln unserer »deutschen Weihnacht« nachspüren.

Hans Fallada

Lüttenweihnachten

»Tüchtig neblig, heute«, sagte am 20. Dezember der Bauer Gierke ziellos über den Frühstückstisch hin. Es war eigentlich eine ziemlich sinnlose Bemerkung, jeder wusste auch so, dass Nebel war, denn der Leuchtturm von Arkona heulte schon die ganze Nacht mit seinem Nebelhorn wie ein Gespenst, das das Ängsten kriegt. Wenn der Vater die Bemerkung trotzdem machte, so konnte sie nur eines bedeuten. »Neblig –?« fragte gedehnt sein dreizehnjähriger Sohn Friedrich. »Verlauf dich bloß nicht auf deinem Schulwege«, sagte Gierke und lachte.

Und nun wusste Friedrich genug, lief in den Stellmacherschuppen und »borgte« sich eine kleine Axt und eine Handsäge. Dabei überlegte er: Den Franz von Gäbels nehm' ich nicht mit, der kriegt Angst vor dem Rotvoß. Aber Schöns Alwert und die Frieda Benthin. Also los!

Wenn es für die Menschen Weihnachten gibt, so muss es das Fest auch für die Tiere geben. Wenn für uns ein Baum brennt, warum nicht für die Pferde und Kühe, die doch das ganze Jahr unsere Gefährten sind? In Baumgarten feiern die Kinder vor dem Weihnachtsfest Lüttenweihnachten für die Tiere, und dass es ein verbotenes Fest ist, von dem Lehrer Beckmann nichts wissen darf, erhöht seinen Reiz.

Sieben Kilometer sind es gut bis an die See, und nun fragt es sich, ob sie sich auch nicht verlaufen im Nebel. Da ist nun dieser Leuchtturm von Arkona, er heult mit seiner Sirene, dass es ein Grausen ist, aber es ist so seltsam, genau kriegt man nicht weg, von wo er heult. Manchmal bleiben sie stehen und lauschen. Sie beraten lange, und wie sie weitergehen, fassen sie sich an den Händen, die Frieda in der Mitte. Das Land ist so seltsam still; wenn sie dicht an einer Weide vorbeikommen, verliert sie sich nach oben ganz in Rauch. Es tropft sachte von ihren Ästen, tausend Tropfen sitzen überall, nein, die See kann man noch nicht hören. Vielleicht ist sie ganz glatt, man weiß es nicht, heute ist Windstille.

Jetzt sind es höchstens noch zwanzig Minuten bis zum Wald. Alwert weiß sogar, was sie hier finden: erst einen Streifen hoher Kiefern, dann Fichten, große und kleine, eine ganze Wildnis, gerade, was sie brauchen, und dann kommen die Dünen und dann die See.

Plötzlich sind sie im Wald. Erst dachten sie, es sei nur ein Grasstreifen hinter dem Sturzacker, und dann waren sie schon zwischen den Bäumen, und die standen enger und enger. Ja, nun hört man doch das Meer, es donnert nicht gerade, aber gestern ist Wind gewesen, es wird eine starke Dünung sein, auf die sie zulaufen.

Und nun seht, das ist nun doch der richtige Baum, den sie brauchen, eine Fichte, eben gewachsen, unten breit, ein Ast wie der andere, jedes Ende gesund – und oben so schlank, eine Spitze so hell, in diesem Jahre getrieben. Kein Gedanke, diesen Baum stehen zu lassen, so einen finden sie nie wieder. Ach, sie sägen ihn ruchlos ab, sie bekommen ein schönes Lüttenweihnachten, das herrlichste im Dorf. Sie binden die Äste schön an den Stamm, und dann essen sie ihr Brot, und dann laden sie den Baum auf, und dann laufen sie weiter zum Meer.

Zum Meer muss man doch, wenn man ein Küstenmensch ist, selbst mit solchem Baum. Anderes Meer haben sie näher am Hof, aber das sind nur Bodden und Wieks. Dies hier ist richtiges Außenmeer, hier kommen die Wellen von weit, weit her, von Finnland oder von Schweden oder auch von Dänemark. Richtige Wellen … Also, sie liefen aus dem Wald über die Dünen. Und nun stehen sie still.

Und was sie sehen, ist ein Stück Strand, ein Stück Meer. Hier über dem Wasser weht es ein wenig, der Nebel zieht in Fetzen, schließt sich, öffnet den Ausblick. Und sie sehen die Wellen, grüngrau, wie sie umstürzen, weiß schäumend draußen auf der äußersten Sandbank, näher tobend, brausend. Und sie sehen den Strand, mit Blöcken besät, und dazwischen lebt es in Scharen …

»Die Wildgänse!« sagen die Kinder. »Die Wildgänse–!«

Sie haben nur davon gehört, sie haben es noch nie

gesehen, aber nun sehen sie es. Das sind die Gänsescharen, die zum offenen Wasser ziehen, die hier an der Küste Station machen, eine Nacht oder drei, um dann weiterzuziehen nach Polen oder wer weiß wohin. Vater weiß es auch nicht.

Und plötzlich sehen sie noch etwas, und magisch verführt, gehen sie dem Wunder näher. Abseits, zwischen den hohen Steinblöcken, da steht ein Baum, eine Fichte, wie die ihre, nur viel, viel höher, und sie ist besteckt mit Lichtern, und die Lichter flackern im leichten Windzug ... »Lüttenweihnachten für die Wildgänse ...« Immer näher kommen sie, leise gehen sie, auf den Zehen – oh dieses Wunder! – und um den Felsblock biegen sie. Da ist der Baum vor ihnen in all seiner Pracht, und neben ihm steht ein Mann, die Büchse über der Schulter, ein roter Vollbart ...

»Ihr Schweinskerls!« sagt der Förster, als er die drei mit der Fichte sieht. Und dann schweigt er. Und auch die Kinder sagen nichts. Sie stehen und starren. Es sind kleine Bauerngesichter, sommersprossig, selbst jetzt im Winter, mit derben Nasen und einem feisten Kinn. Es sind Augen, die was in sich reinsehen. Immerhin, denkt der Förster, haben sie mich auch erwischt beim »Lüttenweihnachten«. – Ja, da stehen sie nun: ein Mann, zwei Jungen, ein Mädel. Die Kerzen flackern am Baum, und ab und zu geht auch eine aus. Die Gänse schreien, und das Meer braust und rauscht. Die Sirene heult. Da stehen sie, es ist eine Art Versöhnungsfest, sogar auf die Tiere erstreckt, es ist »Lüttenweihnachten«. Man kann es feiern, wo man will, am Strand auch, und die Kinder werden nachher in ihres Vaters Stall noch einmal feiern. Und schließlich kann man hingehen und danach handeln. Die Kinder sind imstande und bringen es fertig, die Tiere nicht mehr zu quälen und ein bißchen nett zu ihnen zu sein. Zuzutrauen ist ihnen das.

Rezept für Schwäbisches Hutzelbrot

Es wurde von Eduard Mörike in seinem *Stuttgarter Hutzelmännlein* verewigt. Selbst gebackene Hutzelbrote, auch Schnitzbrote oder Biere(Birnen)wecke genannt, wachsen zwar nicht, wie in seiner Erzählung, immer wieder nach. Sie sind aber so gehaltvoll, dass sie einen zumindest lange begleiten können.

500 g getrocknete Birnen und *250 g entsteinte Dörrpflaumen* in große Stücke schneiden, mit Wasser bedecken und 30 Min. leise köcheln; über Nacht zugedeckt ziehen lassen. *500 g Mehl* in eine Schüssel sieben, in die Mitte eine Mulde machen. *25 g Hefe* hineinbröckeln und mit etwas lauwarmem Wasser verrühren, mit Mehl bestäuben, abdecken und 15 Min. gehen lassen. Mit *125 g Zucker*, etwas *Salz* und den abgetropften Birnen und Pflaumen (Einweichwasser auffangen!) zu einem Teig vermengen. *100 g Rosinen, 250 g Walnüsse, 50 g gewürfeltes Zitronat, ½ Tl Zimt*, wenig *gemahlene Nelke* und *Anis* sowie *2 El Obstler* darunterkneten, dabei eventuell etwas vom Einweichwasser zugeben, sollte der Teig zu fest werden. Einen glatten Kloß formen, rundherum mit Mehl bestäuben und abgedeckt an einem angenehm warmen, nicht zugigen Ort etwa 1 Std. gehen lassen. Entweder mehrere kleine Brote oder ein großes Brot formen und auf einem gefetteten Blech im vorgeheizten

Ofen etwa 1 Std. backen. 100 ml des Einweichwassers mit *1 El Obstler*, *2 Tl Zucker* und *1 Tl Stärke* gründlich verrühren und die noch heißen Brote damit bestreichen. Gut auskühlen lassen! *Schwäbische Hutzelbrote* halten sich, in Alufolie und einer Dose verpackt, an einem kühlen Ort sehr lange; ja, schmecken nach einigen Wochen sogar besser.

Ich geh mit meiner Laterne …
Der heilige Martin und die heilige Barbara

Selbstverständlich gehört der 11. November nicht zur Adventszeit! Aber wenn am späten Nachmittag des Martinstages die Laternenumzüge stattfinden und am Abend der erste Gänsebraten des Winters aus dem Ofen geholt wird, fühlt sich das schon sehr nach Advent an!

Christen führen die Bräuche des Martinstages – Lichterumzug und Gänsebraten – auf den heiligen Martin zurück. Er kam im vierten Jahrhundert in Ungarn zur Welt, wurde Bischof und soll sehr mildtätig gewesen sein. Am bekanntesten ist die Geschichte, wie er einmal am Straßenrand einen Bettler sah, dessen Armut ihn so dauerte, dass er mit dem Schwerthieb seinen eigenen Mantel teilte und eine Hälfte dem Armen hinabreichte. In Erinnerung daran reitet an der Spitze der Laternenumzüge gelegentlich ein in einen Mantel gehüllter »Sankt Martin« auf einem Schimmel. Als Martin starb, wurde sein Leichnam am 11. November in einer Lichterprozession ins französische Tours überführt, wo er ein Kloster gegründet hatte. Das ist der Ursprung des Laternenumzugs.

Reiter mit Schimmel sind heutzutage leider nicht leicht aufzutreiben. Aber auch ohne sie marschieren die Kleinen durch die Straßen, halten ihre bunten Laternen hoch und singen das im Kindergarten erlernte Lied *Latänä, Latänä, Sonnemondunstänää*. Die erste Strophe endet mit der Bitte: *Brenne auf, mein Licht, aber nur meine liebe Laterne nicht!* Das Papier fing nämlich oft Feuer, als das Laternenlichtlein noch von einer flackernden Kerze stammte und nicht von einem batteriebetriebenen Lämpchen.

In Schlesien war es übrigens Brauch, dass Kinder »an manchen dunklen Tagen in den dunklen Stunden mit ausgehöhlten und beleuchteten Kürbissen Schreck und Übermut treiben«. Und wir dachten, dass das mit den ausgehöhlten Halloween-Kürbissen aus den USA stammt!

Wer Glück hat (oder lange genug selbst in der Küche gestanden), darf am Abend des 11. November eine gebratene Gans essen. Die katholische Erklärung für diese Sitte lautet, Martin habe sich einmal in einem Gänsestall versteckt, und weil das Schnattern der Gänse ihn verraten habe, würden sie zur Strafe am Martinstag verspeist.

Nüchterner ist da die Erklärung, dass ein Gänsebraten schon zum vorchristlichen – also heidnischen – Herbstdankfest gehörte. Hinzu kommt, dass der 11. November im bäuerlichen Leben viele Jahrhunderte lang ein sehr wichtiges Datum war: Am Martinstag endete das alte Wirtschaftsjahr, Pacht- und Zinsfristen liefen aus, man schlachtete das Vieh, das nicht durch den Winter gefüttert werden konnte. Auch den Gänsen ging es an den Kragen. Manche Kleinbauern beglichen einen Teil ihrer Zinsschuld an den Grundherrn in Naturalien – mitunter auch mit Gänsen. Knechte und Mägde bekamen am Martinstag (oder am 2. Februar, also Mariä Lichtmess) ihren Lohn und wechselten den Dienstherrn.

Hinzu kam, dass am 12. November eine vorweihnachtliche Fastenzeit begann. Darum – und nicht wegen der Schnapszahl – beginnt die Fastnachtszeit am 11.11. Bis ins sechzehnte Jahrhundert hinein wurde dann vierzig Tage lang gefastet. Der Weihnachtstag war damals noch der 6. Januar, der Tag der Erscheinung des Herrn. Das ist in der orthodoxen Kirche bis heute so.

Es gab also viele gute Gründe für ein Festessen am 11. November. Die Martinsgans war bis Weihnachten der letzte große Schmaus, und auch wer sich keine Gans leisten konnte, brachte am 11.11. etwas Besonderes auf den Tisch. Im Rheinland beispielsweise den *Döppekooche*, ein sprichwörtliches »Arme-Leute-Essen« aus Kartoffeln, Zwiebeln und Speck oder Mettwürsten.

Einige Tage im Jahr waren für unsere Vorfahren besonders wichtig, weil man an ihnen dem Schicksal ein wenig in die Karten gucken konnte. Der Andreastag am 30. November beispielsweise war ein solcher *Lostag*. An diesem Tag konnten vor allem Unverheiratete durch Heirats- und Liebesorakel ihre Neugier stillen. Die meisten Bräuche betrafen junge Frauen. In Hessen wurden sie von einer unbescholtenen Witwe mit einem Apfel beschenkt, für den sie nicht danken durften. Wenn sie schweigend eine Hälfte vor, die andere nach Mitternacht aßen, träumten sie vom Liebsten, hieß es. Ein anderer Orakelbrauch war das Bleigießen (das wir zu Silvester kennen). Wenn in den Alpen junge Frauen »zwischen elf und zwölf Uhr in der Andreasnacht Blei in kaltes Wasser gossen, so bildete sich das Handwerkszeug ihres künftigen Bräutigams«.

Im Erzgebirge hingegen gehörte das Bleigießen so fest zu Heiligabend, dass das erzgebirgische »Heiligohmdlied« mit den Zeilen *Heut ist der heil'ge Ohmd, ihr Mäd kummt rei, mer gießen Blei* … beginnt.

Wenn man im Dezember, dem dunkelsten Monat des Jahres, die kahlen Bäume, die leeren Felder und Gartenbeete sieht, mag man kaum glauben, dass es jemals wieder Knospen, Blüten und Früchte geben wird. Die Sehnsucht nach Farben und »etwas Frischem« ist groß. Daher folgen viele dem Brauch, am 4. Dezember, dem Tag der heiligen Barbara, von Obstbäumen, vor allem Kirschen, Zweige abzuschneiden (es können ebenso gut Kastanien-, Haselnuss-, Holunder- oder Forsythienzweige sein) und sie im Haus ins Wasser zu stellen. Dort beginnen sie zu treiben. Wenn man Glück hat, blühen sie zu Heiligabend und halten mit ihrer Frühlingspracht den Glauben daran wach, dass auch wieder lichtere Zeiten kommen. Der Brauch der Barbarazweige entstand allerdings lange vor der Erfindung der Zentralheizung. Da wir nun viel wärmer wohnen als unsere Vorfahren, blühen die Zweige bei uns oft schon vor Weihnachten.

Die Barbarazweige gelten als einer der Ursprünge des Weihnachtsbaums. Aber sie haben auch, wie alle alten Bräuche, einen tieferen Sinn, den wir nicht mehr verstehen. Unsere Vorfahren lebten in einer Welt voller Symbole und magischer Handlungen, bei denen es immer darum ging, Schicksalsschläge von sich und anderen abzuwenden. Daher musste jedes Ritual präzise und zu festgelegter Zeit ausgeführt werden. Auch die Barbarazweige gehen auf vorchristliche Orakelbräuche zurück. Blühten die Knospen auf, bedeutete das Glück im kommenden Jahr, und es schützte das Haus und seine Bewohner vor Not und Tod. Im Erzgebirge mussten schon am 30. November, dem Andreastag, »Zweige von neun verschiedenen Sträuchern in den Abendstunden aus einem Erbgarten geschnitten werden, wenn sie Unglück verhüten sollten«.

Werner Bergengruen

Kaschubisches Weihnachtslied

Wärst du, Kindchen, im Kaschubenlande,
wärst du, Kindchen, doch bei uns geboren!
Sieh, du hättest nicht auf Heu gelegen,
wärst auf Daunen weich gebettet worden.

Nimmer wärst du in den Stall gekommen,
dicht am Ofen stünde warm dein Bettchen,
der Herr Pfarrer käme selbst gelaufen,
dich und deine Mutter zu verehren.

Kindchen, wie wir dich gekleidet hätten!
Müßtest eine Schaffellmütze tragen,
blauen Mantel von kaschubischem Tuche,
pelzgefüttert und mit Bänderschleifen.

Hätten dir den eignen Gurt gegeben,
rote Schuhchen für die kleinen Füße,
fest und blank mit Nägelchen beschlagen!
Kindchen, wie wir dich gekleidet hätten!

Kindchen, wie wir dich gefüttert hätten!
Früh am Morgen weißes Brot mit Honig,
frische Butter, wunderweiches Schmorfleisch,
mittags Gerstengrütze, gelbe Tunke,

Gänsefleisch und Kuttelfleck mit Ingwer,
fette Wurst und goldnen Eierkuchen,
Krug um Krug das starke Bier aus Putzig!
Kindchen, wie wir dich gefüttert hätten!

Und wie wir das Herz dir schenken wollten!
Sieh, wir wären alle fromm geworden,
alle Knie würden sich dir beugen,
alle Füße Himmelswege gehen.

Niemals würde eine Scheune brennen,
sonntags nie ein trunkner Schädel bluten, –
wärst du, Kindchen, im Kaschubenlande,
wärst du, Kindchen, doch bei uns geboren!

Eugen Skasa-Weiß

Popart auf Weihnachtstellern

Im Bescherungschaos der Zigaretten, Halsketten, Bücher und Kognaks ist der Weihnachtsteller ein uraltes Traditions-Stilleben. Er gehört zum Establishment, nun ja. Kein Grund, ihn deshalb zum Fenster hinauszuwerfen.

Bei der Bescherung wird der schönste Weihnachtsteller mit hastiger Beiläufigkeit angejubelt, wie alles, was nicht vorher dagestanden hat. Danach wird ratlos hin und her geschleppt, weil er überall im Wege steht und mit Plätzchen um sich wirft. Ein paar Marzipankartoffeln werden blindlings herausgepickt und zerkaut, im übrigen ist das Dingsda nichts als eine angenehme Störung. Um alles in der Welt jetzt keine Dattel, ihre biblische Süßigkeit könnte wie ein Schuß aus der Elefantenbüchse hinter die linke Eckzahnplombe fahren! Was für ein magenbedrückendes Kraftfutter aus Nußkernen, Äpfeln und kandierten Plätzchen – mit kerzenlichtgedörrten Lebkuchen kann man mich dieses Jahr quer durch die Alpen jagen. Nun, ist das nicht Weihnacht?

In unserer Familie hat trotzdem jeder sein gesundes Mißtrauen in bezug auf Weihnachtsteller, die zu nah am Weihnachtsteller seines Nächsten stehen. Es ist schon vorgekommen, daß angenagte Weihnachtsteller vertauscht worden sind wie Babys. Oft ahnungslos, oft mit gezielter Raublust. So wenig man seinen Weihnachtsteller anfangs oft mag, noch weniger mag man, daß ein anderer ihn möchte. Keiner in der Familie steht dem andern so nah, daß einer im Weihnachtsteller des anderen etwas verloren hätte. Denn was der sucht, ist sonnenklar. Er sucht Raritäten, die tief im Spekulationsberg vergraben liegen, für die Zeit der Not im Januar. Der Mensch ist ein Raubtier, aber in den Weihnachtsfeiertagen soll er das unterlassen.

Als Geschenk hat der Weihnachtsteller natürlich kein Stimmrecht, obwohl er nicht vom Himmel fällt. Er ist ein Tribut der Familie in die Familie hinein, ein Tischschmuck, der sich wohl gehört, aber mehr kostet, als er soll und darf. Dekorativ begabte Naturen bitten um Aufmerksamkeit für die blendenden Zuckerkomödien auf den Apfelsinenhügeln der Weihnachtsteller, die sie stimmungsvoll aufgeschichtet haben. In wilden Wäldern aus Tannengestrüpp, die über Dattelhäufchen emporgrünen, trampeln zottige Stanniolbären gegen Schokoladeherzen. Marzipanschweinchen dösen vollschlank in Baseler Leckerli und himmlischen Trüffel. Auf einem schiefen Turm aus Nürnberger Elisen hockt ein likörgefüllter Kerl aus Schokolade und grient hinter seinem Zuckergußbärtchen weihnachtstrunken in die Kerzen.

Neben diesen noblen Miniaturmalereien künstlerisch komponierter Weihnachtsteller gibt es solche, die Schlachtengemälden gleichen, ausladend und zum Fressen schön. Äpfel auf dem Weihnachtsteller sähe ich allerdings lieber in der Obstschale nebenan, oder meinetwegen in der Tüte. Sie müssen sein, aber ihr Umfang hindert das Weihnachtskonfekt an der rechten Entfaltung. Ein Apfel, der einer Handvoll Weinbrandkirschen den Platz wegsitzt, meint es mit mir nicht gut. Ist er aber offenkundig ein Abgesandter der Boskops im Keller, so fällt es mir schwer, ihn entgegenkommender zu behandeln als Rom den Vercingetorix.

Selbst der Gedankenlose, der beim Lesen zerstreut in seinen Teller hineingreift, hat ein wachsames drittes Auge, das die Hand zielbewußt an den Spekulatiusfiguren vorbeiführt und den Krokantbrocken hinter der Mandarine unerbittlich am Schlafittchen packt.

Aber hinter das Hausgebackene, meine Lieben, dahinter kommt man mit der Zeit. Denn für viele ist der Weihnachtsteller eine Stoppuhr des Vergänglichen im alten Jahr. Spätestens nach Silvester sind die Stunden der pikanten Dinge abgelaufen. Anfang Januar verschwinden – Stück für Stück – die Füllsel des geringeren Gebäcks. Das Gelüst nach Heringen und gepfefferten Braten hat nachgelassen, der Kehraus des Hausgebäcks steht bröselig vor der Tür.

Überblicke ich Generationen von Weihnachtstellern, so scheint mir ihr Lebenslauf immer derselbe. Beginnen sie sich zu leeren, so bricht ein neues Jahr mit Macht und Faschingskrapfen über uns herein. Aber würden die Weihnachtsteller eines Tages als überholt unterlassen – ja, was dann?

Dann bliebe das Weihnachtszimmer duftlos und ohne Stilleben. Denn Geschenke, die man kauft, sind halb so wichtig. In den Weihnachtstellern mischt das Christkind irgendwie noch mit.

Bald ist Nikolausabend da …

Der wichtigste Winterheilige ist natürlich weder Martin noch Barbara, sondern Nikolaus. Er war – wie Martin – im vierten Jahrhundert Bischof, allerdings nicht in Frankreich, sondern in Myra. Das ist eine Stadt im Süden der Türkei bei Antalya, sie heißt heute Demre. Der 6. Dezember soll Nikolaus' Todestag sein.

Das Nikolausfest wird tatsächlich schon seit etwa einem Jahrtausend gefeiert; seit über fünfhundert Jahren stellen Kinder am Nikolausabend Schuhe vor die Tür und hoffen, am folgenden Morgen darin ein kleines Geschenk zu finden. Viele Jahrhunderte lang war der Nikolaustag der wichtigste Tag überhaupt, weil nicht der 24. oder 25., sondern der 6. Dezember der Bescherungstag war. Nikolaus und Knecht Ruprecht kamen persönlich vorbei, die Kinder mussten ein Gedicht aufsagen, und Nikolaus fragte, ob sie auch immer schön brav gewesen waren. Dann wurde arbeitsteilig vorgegangen: Der böse Knecht Ruprecht (an anderen Orten auch Krampus, Percht oder Pelznickel (Pelznikolaus) genannt) machte den Kindern ordentlich Angst, dann verteilte der liebe Nikolaus Geschenke.

Manche können sich sicher noch an längliche Lebkuchen mit einem aufgeklebten Oblatenbildchen erinnern, das den heiligen Nikolaus als weißbärtigen alten Mann in rotem Bischofsmantel mit Stab, Kreuz und Bischofsmütze zeigte. Genau diese Figur verspottete Martin Luther als »Fastnachts-Narrheiten«, denn der 6. Dezember ist – natürlich – ein katholisches Heiligenfest, und damit hatten Martin Luther und die evangelische Kirche wenig im Sinn. Es sei doch viel sinniger und schöner, meinte Luther, wenn der »Heilige Christ« die Geschenke brächte. Er plädierte dafür, die Kinderbescherung vom Nikolausabend auf den Geburtstag des Herrn zu verlegen, denn die Gaben symbolisierten das größte Geschenk Gottes an die Menschen: Jesus, Seinen Sohn. Luther wäre vermutlich entsetzt, wenn er sehen könnte, dass aus seinem »Heiligen Christ« ein Engelchen mit goldenen Locken und riesigen Flügeln geworden ist.

Selbstverständlich wehrte sich die katholische Kirche gegen die protestantische Erfindung der Weihnachtsbescherung. Am längsten hielt der Süden Deutschlands an der Nikolausbescherung fest, dabei verlief die Grenze quer durch Hessen. Im Norden blieb nur das beispielhaft unbeugsam katholische Münsterland bis in die dreißiger Jahre beim Nikolaustag als Kinder-Beschertag.

Wie dieser Kampf ausgegangen ist, wissen wir. Das haben aber nicht alle verwunden. Im Dezember 2007 bemerkte der Vorsitzende eines bayerischen Kulturvereins leicht verbittert: »Jahrhundertelang war nur der heilige Nikolaus der Gabenbringer in Altbayern, bis ihm Aufklärung und Protestantismus ein Gegenstück vor die Nase setzten – das Christkindl. In Bayern war zwar dann zusätzlich auch das Christkindl da und es kam auf dem goldenen Heißl (Rössl), doch noch bis zum 2. Weltkrieg brachte die Geschenke auf dem Land und lang auch in der Stadt nur der Nikolaus. Erst mit der Aufklärung und wegen der evangelischen Frau von König Max I. konnte sich das Christkindl in Altbayern überhaupt durchsetzen.« Sollten Sie die Jahreszahl gerade nicht parat haben: Die Ehe zwischen König Max I. und der evangelischen Karoline Friederike Wilhelmine von Baden wurde im Jahre 1797 geschlossen.

Inzwischen haben die christlichen Kirchen einen gemeinsamen Gegner: den Weihnachtsmann, beziehungsweise den amerikanischen Santa Claus. Er stammt in direkter Linie vom holländischen Nikolaus »Sinterklaas« ab, den Auswanderer in die Neue Welt mitbrachten. Dort legte er erst mächtig an Bauchumfang und guter Laune zu, dann kaperte er einen Rentierschlitten, mit dem er seither durch die Luft saust. Für solche Sperenzchen würde sich der ehrwürdige Bischof von Myra niemals hergeben! Von dem ewigen Ho-Ho-Ho-Lachen ganz zu schweigen!

Die christlichen Kirchen sehen Nikolaus und Christkind in ihrer Existenz bedroht, Kinder finden das nicht so schlimm. Auch wenn sie irgendwann erkennen, dass der rote Mantel und der Plastikbart des Nikolaus-Gastes bloße »Fastnachts-Narrheit« sind, hält sie das nicht davon ab, ihre größten Stiefel vor die Tür zu stellen. Und es kann nicht schaden, lange, lange Wunschlisten sowohl ans schmächtige Christkind als auch an den dicken Santa Claus zu schicken …

Körperlich waren Nikolaus samt Knecht Ruprecht für die Bescherungsaufgabe natürlich weitaus besser gerüstet als das Christkind, von dem ein altes Gedicht mitfühlend schreibt: *Die kleinen Hände taten ihm weh; denn es trug einen Sack, der war gar schwer, schleppte und polterte hinter ihm her*. Santa Claus, der Jüngste in der Runde, handhabt das pragmatisch: Er lässt sich und die Säcke kutschieren und schleift auch keine Geschenke ins Haus. Er wirft sie aus dem Schlitten direkt in die Schornsteine. Perfekte Drive-In-Weihnachten.

Walter Sittler

Der Malin

Wolfenbüttel,
d. 6. Dezember (Nikolaustag)

Liebe Jenny, liebe Lea, lieber Benni –
meine lieben Kinder!

gestern Nachmittag ist etwas Seltsames passiert, etwas so Seltsames, dass ich noch gar nicht weiß, was ich davon halten soll.

Ich lag im Bett in meinem Zimmer und las ein Buch, weil ich wegen des vielen Regens nicht spazieren gehen konnte, als ich plötzlich ein Klopfen an der Fensterscheibe hörte. Zuerst dachte ich, dass es wohl besonders große und schwere Regentropfen gewesen sein mussten. Aber das Klopfen wiederholte sich und wurde auch ein bisschen lauter. Also stand ich auf und ging ans Fenster, um durch die Gardinen nach draußen zu sehen.

Und da stand – ich traute meinen Augen kaum – ein kleines pelziges Wesen auf dem Fenstersims und sah mich an, wie ich nach draußen schaute. Etwas erschrocken und erstaunt guckte ich genauer hin. Das

Wesen war ungefähr so groß wie die Handpuppe, die Jenny mal geschenkt bekommen hat. Aber dieser »Jens« war lebendig, denn er hob einen Arm mit einer kleinen Hand dran und klopfte noch mal an die Scheibe.

Da bemerkte ich erst, dass er vollkommen durchnässt war, und öffnete das Fenster – ganz vorsichtig. Das behaarte, winzige, merkwürdige Menschlein sah zwar nicht böse aus, aber man weiß ja nie.

Als das Fenster auf war, sagte ich nach einer Weile einfach »Hallo!« – irgendeiner musste ja anfangen.

Und da antwortete mir das Menschlein mit einer kleinen, etwas zittrigen Stimme: »Darf ich reinkommen?«

Ich muss ziemlich dumm ausgesehen haben, denn ich hatte alles erwartet, nur nicht, dass er spricht. »Willst du mich nicht reinholen?«, kam das Stimmchen wieder und holte mich aus meinem Erstaunen.

Ganz vorsichtig streckte ich die Hände nach ihm aus, fühlte den nassen Pelz und sah jetzt erst, dass er so etwas wie eine Hose und ein Hemd anhatte. Ich trug ihn vorsichtig zum Tisch, auf dem sich sofort ein kleiner See um ihn herum bildete. Ich sage »er« und »ihn«, weil er mir erzählte, während ich ihn mit Handtüchern und einem Föhn zu trocknen versuchte, dass er Malin heißt. Ich habe nicht alles verstanden, weil der Föhn so laut war. Das Wichtigste war erst einmal, dass er trocken wurde.

Als er trocken war, verlangte er ein bisschen heißes

Wasser zum Trinken. Er sagte, dass er Malin heißt, dann fragte er, warum ich denn im Hotel bin, ob ich kein Zuhause habe. Ich erzählte ihm, dass ich Schauspieler bin und gerade eine Tournee mache: Ich fahre mit anderen in einem Bus in verschiedene Städte und da spielen wir Theater, und die Menschen aus den umliegenden Orten kommen, um es sich anzusehen.

Da er nicht wusste, was Theaterspielen ist, erklärte ich es ihm: dass das ein Raum ist, wo die Zuschauer sitzen und an der einen Seite ist eine Bühne. Die wird beleuchtet, damit man die Schauspieler sehen kann, die etwas vorspielen. Dabei tragen sie fremde Kleider und spielen vor, was andere Menschen erlebt haben, wie sie sich gestritten und wieder versöhnt haben, wie sie geheiratet haben oder gestorben sind, und die Zuschauer lachen darüber oder weinen auch, wenn es traurig ist. Manchmal erkennen sie so die Fehler der Menschen und können daraus lernen.

Der Malin hörte zu, aber ich konnte sehen, dass seine Augen langsam noch kleiner wurden, als sie sowieso schon waren. Er fragte, ob er ein wenig in meinem Bett schlafen dürfte, weil er so müde wäre. Ich sagte, natürlich dürfe er das. Sofort legte er sich hin und deckte sich mit der weißen Decke zu. Und so lag dieses kleine Wesen in dem viel zu großen Bett, unter der viel zu großen Decke, schaute mich noch mal an, machte die Augen zu und schlief ein.

Da stand ich nun, mit dem Kleinen in meinem Bett, von dem ich nicht wusste, woher er kam, was er wollte, oder auch nur, was er brauchte. Ich dachte, er wird es mir dann schon sagen, wenn er wieder aufwacht. Nach zwei Stunden schlief er immer noch. Ich musste ja ins Theater und arbeiten gehen. Während der Vorstellung hatte ich natürlich keine Zeit, an ihn zu denken, aber danach, auf dem Weg zum Hotel, fiel er mir wieder ein. Aber als ich ins Zimmer kam, lag er nicht mehr im Bett – ich rief nach ihm und guckte überall, aber er war weg. Ich kannte den Malin ja gar nicht, aber ich mochte ihn, und jetzt war er schon wieder weg. Schade. Schließlich fragte ich mich sogar, ob ich das alles vielleicht nur geträumt hatte. Es war ja auch zu albern: ein stoffpuppengroßes Pelz-Männchen, das spricht!

Aber kaum war ich heute in Wolfenbüttel angekommen, ich packte im Hotelzimmer gerade meinen Koffer aus: Poch, poch, poch!, da hockte er vor dem Fenster und grinste mich an. Ich war fast schon auf dem Weg zum Theater, er wollte unbedingt, dass ich ihn mitnehme, weil er unten in den Straßen so viele bunte Lichter gesehen hatte. Aber weil er so klein war, traute er sich nicht allein hinunter. Mir blieb nicht mehr viel Zeit bis zur Vorstellung, aber er bettelte so, dass ich ihn schließlich in meine Jacke packte und loszog.

Als wir um die Ecke bogen, waren wir mitten unter den Lichtern. Es waren viele Stände aufgebaut, an denen es Weihnachtsschmuck gab: Kristallkugeln, elektrische Kerzen, bunte Holzfiguren, Strohsterne und einen Stand voller Schokoladennikoläuse und Weihnachtsmänner.

Ich erklärte Malin, dass bald Nikolaus ist und es deshalb überall diese Figuren aus Schokolade zu kaufen gibt. Ganz kleine, so groß wie ein halber Handteller, und andere, so hoch wie ein Klavierhocker. Die waren aber sehr teuer. Malin schaute sie lange an, während ich ihm erzählte, dass normalerweise jeder zu Nikolaus einen solchen bekommt.

»Ich auch?«, fragte er.

»Ja, natürlich, du auch«, sagte ich. Darauf schwieg er, und wir gingen weiter Richtung Theater, denn ich musste ja noch arbeiten gehen.

Auf dem Weg dahin kamen wir an einem großen düsteren Gebäude vorbei, an dem alle Fenster vergittert waren. Eine hohe Mauer grenzte das Gebäude gegen die Stadt ab.

»Was ist das?«, fragte Malin, dem das Gebäude ein bisschen Angst einflößte. »Das ist ein Gefängnis«, antwortete ich.

»Was ist ein ›Gefängnis‹?«, wollte er wissen.

Ich überlegte kurz, dann sagte ich: »Das ist ein Haus, in dem man Menschen einsperrt, als Strafe, weil sie was Dummes angestellt haben.«

»Und da müssen sie die ganze Zeit drin bleiben?«, fragte er. »Ja«, sagte ich, »bis die Zeit der Strafe vorbei ist.«

»Die müssen da immer, immer drin bleiben?«, fragte Malin ungläubig. »Wie halten die das aus? Also, ich könnte das nie.«

»Ja«, sagte ich, »nur ab und zu dürfen sie im Hof

herumgehen, die übrige Zeit müssen sie drinnen bleiben.«

»Das ist aber schrecklich!«, fuhr er fort. Nach einer Weile fügte er hinzu: »Und die kriegen dann wahrscheinlich auch keine Nikoläuse, oder?«

»Nein, wahrscheinlich nicht«, antwortete ich. Dann sagte er nichts mehr. Am Theater angekommen, holte ich ihn wieder aus der Jacke. Er sagte nur: »Hol' mich hier nachher ab«, und sprang davon in den Park hinter dem Theater.

Nach der Vorstellung ging ich gleich zu der verabredeten Stelle. Malin war schon da und ganz aufgeregt.

»Komm mit«, flüsterte er und führte mich gleich zu dem Platz, wo der Stand mit den Nikoläusen war. Alles war zugesperrt und dunkel. Malin zeigte mir einen hinter einer Mülltonne verborgenen Karton. »Nimm das mit«, sagte er leise.

»Was ist das?«, wollte ich wissen.

Er sah mich an wie ein Verschwörer und wisperte: »Nikoläuse!«

Mir blieb die Spucke weg. »Wo hast du die her?«, fragte ich. Wieder sah er mich lange an und sagte schließlich: »Kleine können manchmal Sachen, die Große nicht können und auch nicht wissen brauchen. Jetzt frag' einfach nicht mehr. Nimm das mit und komm!«

Ich nahm den Karton, der nicht sehr schwer war. »Jetzt zum Gefängnis«, sagte Malin.

»Was willst du denn dort?« Ich wurde immer verwirrter und auch ein bisschen beunruhigt.

»Sie den Gefangenen bringen, was denn sonst?«, entgegnete er.

»Die Nikoläuse? Aber da kommst du doch gar nicht rein!«

Auf diese Antwort hatte er wohl gewartet, denn er sah mich wieder so an, als ob ich immer noch nicht besonders viel wüsste, und grinste. Inzwischen waren wir an der Mauer angekommen, die das Gefängnis umgab. »Tue immer drei auf einmal in meinen Rucksack und warte dann hier auf mich«, sagte er. Ich sagte lieber nichts mehr und tat, was er wollte.

Kaum waren die Nikoläuse im Rucksack, kletterte Malin wie ein Affe die Mauer hoch und war verschwunden. Als er das dritte Mal wiederkam, um Nikoläuse zu holen, fragte ich ihn, wo er sie denn hinstellte.

»Vor die Fenster natürlich, dann sehen sie sie, wenn sie morgen rausschauen«, und schon war er wieder über die Mauer verschwunden.

Es dauerte jedes Mal länger, bis er wiederkam, weil er immer in höhere Stockwerke klettern musste. Ich stand mit meiner Kiste frierend vor dem Gefängnis und hoffte nur, dass wir nicht erwischt würden.

In dem Augenblick flammte Licht auf, und ich stand im Kegel von zwei starken Lampen. Zwei Gefängniswärter standen drohend über mir auf der Mauer. »Was wollen Sie hier? Wer sind Sie?«

Jetzt saß ich in der Patsche. Ich konnte ja schlecht sagen, dass der Malin gerade Nikoläuse an die Gefangenen verteilte, und das alles mitten in der Nacht. Da stand ich mit meiner Pappkiste und blinzelte ins Licht. Weil mir nichts Besseres einfiel, sagte ich einfach: »Ich bin der Weihnachtsmann.«

Das verschlug den Wärtern wohl die Sprache, denn es dauerte ziemlich lange, bis sie wieder etwas von sich gaben: »Soso, Sie sind also der Weihnachtsmann. Und was haben Sie in der Kiste da, Weihnachtsbäume, oder was?«

»Nikoläuse«, antwortete ich wahrheitsgemäß und öffnete die Schachtel, damit sie den Inhalt sehen konnten. Es waren zwar nur noch zwei drin, aber immerhin.

»Ist ja nicht gerade üppig«, sagte der eine, der offenbar der Chef war. »Also, Sie Weihnachtsmann, jetzt packen Sie ganz schnell Ihre Nikoläuse und verschwinden auf Nimmerwiedersehen, und zwar dalli!«

Der Malin war aber noch nicht wieder da, und nun sollte ich ihn nicht mehr hier erwarten dürfen. »Verschwinde, Weihnachtsmann!«, hörte ich wieder den »Chef« sagen. Ich war ratlos und fing im Weggehen einfach an, *»Kling, Glöckchen, klingelingeling«* zu singen, und hoffte, das Lied würde Malin zu mir führen. Das Licht der Wärter verfolgte mich noch ein Stück weit. Sicherlich hielten sie mich für total übergeschnappt, aber mein Lied schwebte durch die kalte Nacht.

Im Schatten eines Baumes außerhalb der Sichtweite der Mauer blieb ich singend stehen. Gut, dass hier keiner war, der mich auch noch angehalten hätte. Leider kannte ich nur die erste Strophe des Liedes und hatte gerade zum dritten Mal damit angefangen, als Malin angehuscht kam. Er hatte alles mitbekommen und fragte nur, wie viele Nikoläuse wir noch hätten.

»Zwei«, sagte ich.

»Gib her.« Sofort verschwand er mit den letzten beiden in der Nacht in Richtung Gefängnis.

Ich sang nicht mehr, sondern hoffte nur, dass sie den Malin nicht erwischen würden. Ich lauschte in die Nacht. Nichts war zu hören, außer dem fernen Rauschen der Autobahn. Die Kälte hatte jedes andere Geräusch erfroren.

Es dauerte endlos, bis Malin endlich angerannt kam und sich sofort in meine Jacke kuschelte.

»Die Wärter werden sich wundern, wenn sie in ihr Wachhäuschen kommen. Dort warten zwei Nikoläuse auf sie.« Er lächelte zufrieden und schlief glücklich auf meiner Hüfte ein.

Erleichtert brachte ich ihn in mein Zimmer zurück. Jetzt schläft er. Bei der ganzen Aufregung hatte ich noch gar keine Zeit, ihn zu fragen, wer er eigentlich ist, woher er kommt und was er will. Das mache ich morgen. Ganz bestimmt.

Euer Daddy

Rezept für *Schlesische Mohnrolle*

Ob man ihn nun ganz schlesisch Striezel (eigentlich ein Synonym für Stollen) nennt oder Napfkuchen oder Rolle – die Vorliebe für Mohn kommt auf alle Fälle aus dem Osten. Zumindest im Berlin der sechziger Jahre gehörte die Mohnrolle so zwingend zu Weihnachten wie die Mohnpielen zu Silvester: mit Mohn und Rosinen in eine Schüssel geschichtete Schrippen beziehungsweise Brötchen, die mit Milch übergossen und mit etwas Rum aromatisiert wurden.

100 g Rosinen mit *2 El Rum* vermischen. *375 g Mehl* in eine Schüssel sieben, in eine Kuhle in der Mitte *25 g Hefe* bröckeln und mit *125 ml lauwarmer Milch* und etwas von dem Mehl verrühren. Mit einem Tuch abdecken und 20 Min. gehen lassen. Mit *80 g zerlassener Butter, 60 g Zucker*, einer Prise *Salz* und *abgeriebener Zitronenschale* verkneten, den Teig wiederum abdecken und 20 Min. gehen lassen. Für die Füllung *250 ml Milch* mit *50 g Butter* erhitzen, *50 g Grieß* unter Rühren einrieseln lassen und zu einem Brei kochen. *250 g gemahlenen Mohn* unter den heißen Brei mischen, sowie *2 verquirlte Eier, 125 g Zucker*, etwas gemahlene *Vanille, 50 g gehackte Mandeln* und die Rosinen mit dem Rum. Den Hefeteig zu einem Rechteck von etwa 30 x 40 cm ausrollen, mit der abgekühlten Füllung bestreichen und längs aufrollen. In eine gefettete Form oder auf ein Blech legen. Abdecken und nochmals gut aufgehen lassen, dann ca. 30 Min. bei 180°C backen. 5 Min. vor Ende der Backzeit mit *Eigelb* bestreichen, das dafür mit etwas *Milch* verquirlt wird. Einige Tage kühl lagern, dann: Weihnachtsstimmung zu Kaffee oder Tee.

Erst eins, dann zwei, dann drei – Der Adventskranz

Im Vergleich zu vielen Advents- und Weihnachtsbräuchen ist der Adventskranz ein echter *Newcomer*. Er ist so neu, dass wir sogar seine Entstehungsgeschichte kennen: 1833 gründete der Pädagoge Johann Hinrich Wichern in Hamburg eine Anstalt »zur Rettung verwahrloster und schwer erziehbarer Kinder«, das »Rauhe Haus«. Dort stellte er am 1. Dezember 1839 einen Holzkranz mit dreiundzwanzig Kerzen auf, neunzehn kleinen und vier großen, für jeden Adventssonntag eine. Im Grunde war dieser 23-Kerzen-Kranz zugleich ein früher Adventskalender, denn es wurde täglich eine Kerze angezündet, damit die Kinder sahen, wann das Christkind kommen würde. Denn darum geht es im Advent: Das lateinische Wort *adventus* bedeutet *Ankunft*.

Nach einigen Jahrzehnten hatte sich der Adventskranz in ganz Deutschland eingebürgert. Inzwischen war Wicherns großes Holzrad auf normale Wohnzimmergröße geschrumpft: einen Tannenkranz mit vier Kerzen.

Ein anderes Hilfsmittel, mit dem Kinder die allzu langen Tage bis Weihnachten abzählen konnten, war der Strichkalender: An einen Türrahmen waren vierundzwanzig Kreidestriche gemalt, jeden Tag durfte einer weggewischt werden. Der gedruckte Adventskalender ist gerade einmal einhundert Jahre alt: 1908 bedruckte ein Münchner namens Gerhard Lang zwei Papierbögen, einen mit 24 Feldern, den zweiten mit 24 Bildchen. An jedem Tag musste ein Bild ausgeschnitten und auf das richtige Datumsfeld geklebt werden. Dieser »Weihnachtskalender« wurde sofort ein rasender Verkaufserfolg, und Lang brachte Jahr um Jahr neue auf den Markt. Ungefähr 1920 dachte er sich den ersten Kalender mit Fensterchen aus, die sich öffnen ließen. Vierzig Jahre später kamen die ersten »Schoko-Adventskalender« auf den Markt. Neuere Produkte wie »Adventskalender mit feiner Edelbitter-Schokolade« sollen vermutlich die Erwachsenen davon abhalten, die Fensterchen ihrer Kinder und Enkel zu plündern.

Detlev Gröning und Harald Wehmeier

Weihnachten in Stenkelfeld

Sonntag, 1. Advent, 10 Uhr. In der Reihenhaussiedlung Önkelstieg läßt die Rentnerin Erna B. durch ihren Enkel Norbert drei Elektrokerzen auf der Fensterbank ihres Wohnzimmers installieren. Vorweihnachtliche Stimmung breitet sich aus, die Freude ist groß.

10:14. Beim Entleeren des Mülleimers beobachtet Nachbar Ottfried P. die provokante Weihnachtsoffensive im Nebenhaus und kontert umgehend mit der Aufstellung des zehnarmigen dänischen Kerzensets zu je 15 Watt im Küchenfenster. Stunden später erstrahlt die gesamte Siedlung Önkelstieg im besinnlichen Glanz von 134 elektrischen Fensterdekorationen.

19:03. Im 14 km entfernten Kohlekraftwerk Sottrup-Höcklage registriert der wachhabende Ingenieur irrtümlich einen Defekt der Strommeßgeräte für den Bereich Stenkelfeld-Nord, ist aber zunächst noch arglos.

20:17. Den Eheleuten Horst und Heidi E. gelingt der Anschluß einer Kettenschaltung von 96 Halogenfilmleuchten durch sämtliche Bäume ihres Obstgartens an das Drehstromnetz. Teile der heimischen Vogelwelt beginnen verwirrt mit dem Nestbau.

20:56. Der Diskothekenbesitzer Alfons K. sieht sich genötigt, seinerseits einen Teil zur vorweihnachtlichen Stimmung beizutragen, und montiert auf dem Flachdach seines Bungalows das Laserensemble »Metropolis«, das zu den leistungsstärksten Europas zählt. Die 40 Meter hohe Fassade eines angrenzenden Getreidesilos hält dem Dauerfeuer der Nikolausprojektion mehrere Minuten stand, bevor sie mit einem häßlichen Geräusch zerbröckelt.

21:30. Im Trubel einer Julclubfeier im Kohlekraftwerk Sottrup-Höcklage verhallt das Alarmsignal aus Generatorhalle 5.

21:50. Der 85jährige Kriegsveteran August R. zaubert mit 190 Flakscheinwerfern des Typs »Varta Volkssturm« den Stern von Bethlehem an die tiefhängende Wolkendecke.

22:12. Eine Gruppe asiatischer Geschäftsleute mit leichtem Gepäck und sommerlicher Bekleidung irrt verängstigt durch die Siedlung Önkelstieg. Zuvor war eine Boeing 747 der Singapur Airlines mit dem Ziel Sydney versehentlich in der mit 3000 bunten Neonröhren gepflasterten Garagenzufahrt der Bäckerei Bröhrmayer gelandet.

22:37. Die NASA-Raumsonde Voyager 7 funkt vom Rande der Milchstraße Bilder einer angeblichen Supernova auf der nördlichen Erdhalbkugel. Die Experten in Houston sind ratlos.

22:50. Ein leichtes Beben erschüttert die Umgebung des Kohlekraftwerkes Sottrup-Höcklage. Der gesamte Komplex mit seinen 30 Turbinen läuft mit 350 Megawatt brüllend jenseits der Belastungsgrenze.

23:06. In der taghell erleuchteten Siedlung Önkelstieg erwacht die Studentin Bettina U. und freut sich irrtümlich über den sonnigen Dezembermorgen. Um genau 23:12 betätigt sie den Schalter ihrer Kaffeemaschine.

23:12:14. In die plötzliche Dunkelheit des gesamten Landkreises Stenkelfeld bricht die Explosion des Kohlekraftwerks Sottrup-Höcklage wie Donnerhall. Durch die stockfinsteren Ortschaften irren verstörte Menschen, Menschen wie du und ich, denen eine Kerze auf dem Adventskranz nicht genug war.

Vom Bärbeletreiben, den Rumpelklausen und dem Pelzmärte

Bevor wir uns den wunderbaren Bräuchen der Adventszeit zuwenden, gibt es noch einiges über Martin, Barbara und Nikolaus zu erzählen, was nicht in ihre makellosen christlichen Lebensläufe hineinpasst. Alle drei haben nämlich eine lange vorchristliche Vergangenheit – und was besonders spannend ist: Diese ist in einigen deutschen Bräuchen erhalten!

Nikolaus trägt noch heute in verschiedenen Teilen Deutschlands verschiedene Namen: *Sünnerklaus* in Bremen, *Sünte Klaos* im Westfälischen, *Klos* im Schwäbischen. In Mecklenburg hieß er einmal *Ruh-Klaas*, der raue Klaus, und *rau* war er vielerorts auch: Statt des feinen Bischofsgewandes trug er grob gemachte Kleidung, eine Pelzmütze und einen alten Mantel, der mit einem Strick zusammengezurrt war. Er kam mit Sack und Rute und in Begleitung eines finsteren Gesellen, der mit Ketten klirrte – dem Teufel! Dessen Vorfahren waren lärmende Höllengesellen, die die bösen Geister vertreiben sollten.

Die Ahnenreihe der ruppigen Kerle an Nikolaus' Seite reicht vermutlich bis zu den Kelten zurück – das wären an die zweitausend Jahre! Als aus Nikolaus ein gütiger katholischer Heiliger wurde, übernahm ein gewisser Knecht Ruprecht, auch Krampus oder Rumpelkloos genannt, die »dunklen« Aufgaben, die der *Raue Klaus* früher selbst erledigte. Ruprecht verabreichte die Schläge und trug die Fellkleidung (ein deutlicher Hinweis auf seine heidnische Herkunft). Allerdings gab es schon vor zweihundert Jahren an vielen Orten erste Rationalisierungsmaßnahmen: Knecht Ruprecht wurde wieder eingespart. Nikolaus durfte seinen roten Mantel behalten und beschenken, musste aber Rute und Sack selbst tragen und auch selbst strafen.

Im Allgäu (und in der Schweiz) gibt es Bräuche, in denen diese heidnischen Höllengestalten recht unverhüllt auftreten: das *Bärbeletreiben* und das *Klausentreiben*.

Das *Bärbeletreiben* findet am 4. Dezember, dem Namenstag der heiligen Barbara, statt. Junge Frauen verkleiden sich als alte Weiber, sie tragen Masken, einige binden sich eine Kuhglocke um. Dann ziehen sie schweigend durch die Straßen und schlagen mit ihren Besen ein bisschen um sich, vor allem aber fegen sie »symbolisch in manchen Häusern das Schmutzige und Unanständige zur Haustür hinaus«.

Beim *Klausentreiben* am Nikolaustag streifen die jungen Männer als *Rumpelklausen* durch den Ort. Auch sie tragen groteske Masken, Zottelpelze, Geweihe und

Hörner, erinnern also an Tiere; Masken und Vermummungen ähneln den Gestalten der alemannischen Fassenacht. Anders als die ruhigen Bärbele veranstalten die Klausen einen Höllenlärm und setzen Passanten mit Ruten nach. Dabei scheint es mitunter etwas »rau« zuzugehen. Jedenfalls mahnte ein Allgäuer Klausenverein vor wenigen Jahren, »dass nur weiche Weidenruten verwendet werden und keine Gewalt ausgeübt wird. Hier sind viele Familien mit Kindern im Publikum.«

So werden also mit weiblichen und männlichen Mitteln böse Geister vertrieben: Die Frauen fegen, die Männer schlagen. Was die Geschlechterrollen angeht, ist im Allgäu die Welt offenbar noch in Ordnung – zumindest Anfang Dezember!

Auch Martin taucht in diesem Reigen der zottigen Gesellen auf – und zwar ausgerechnet bei den schwäbischen Protestanten. Dort brachte früher nicht der katholische Nikolaus die Geschenke, sondern der *Pelzmärte*. »Märte« ist eine schwäbische Form von »Martin«, der folglich am 11.11. kam. Allerdings trug er Felle und schepperte mit Ketten, ähnelt also mehr dem Knecht Ruprecht als den beiden Heiligen Nikolaus und Martin.

Warum haben wohl die Protestanten den katholischen Nikolaus gegen den katholischen Martin ausgetauscht? Ein Gedicht aus dem neunzehnten Jahrhundert spricht sogar vom »Pelzmärtel Nikolaus«! Und überhaupt: Warum tauchen im November und Dezember an so vielen Orten so viele Zottelpelzige mit so vielen verschiedenen Namen auf? Das alles ist ziemlich verwirrend. Offenbar ist da im Laufe der Jahrhunderte einiges durcheinandergeraten!

Fadumo und Walter Korn

Die Flurgans

Selten hat ein Zweisitzer-Sofa verlorener ausgesehen als unseres im neuen Wohnzimmer!

War es in der vorherigen Wohnung das Schmuckstück unseres trauten Heims gewesen, so wirkte es hier in dieser drei Meter hohen Altbau-Halle so verloren wie das Jesulein im Stall von Bethlehem. Trotzdem waren wir natürlich froh, sozusagen pünktlich zur Geburt unseres Sohnes Jama Philip, diese große, wenn auch schwer renovierungsbedürftige Altbauwohnung ergattert zu haben.

Wir, das sind Fadumo, Walter und eben Jama Philip. Wie man an meinem Namen Fadumo schon erkennen kann, bin ich keine eingeborene Münchnerin, aber alle, die mich kennen, wissen, wie gut ich mich eingelebt habe – einschließlich bayerischem Akzent. Und das hat ganz viel mit Weihnachten zu tun.

Aus meiner Heimat Somalia bin ich es gewöhnt, in großen Familienverbänden zu leben. Mein Mann Walter kann mir das leider nicht bieten, er stammt aus einer typisch deutschen Kleinfamilie, und seine Eltern sind viel zu früh gestorben. So hatten wir nur noch uns, seine Schwester, einige Freunde und seit kurzem unser Baby, eine unbefriedigende Situation für ein Nomadenkind, dem die Geborgenheit im Clan so notwendig wie Atemluft ist.

Und da saß ich nun in dieser weitläufigen Wohnung, dem Abenteuer Mutterschaft ohne mütterliche oder schwiegermütterliche Hilfe ausgeliefert und versuchte, bei den neuen Nachbarn so wenig wie möglich anzuecken. Jama Philip war, was man ein »Schreibaby« nennt.

Wie wir bald feststellen konnten, waren wir allerdings in ein ganz besonderes Haus eingezogen. Da gab es zunächst die Hausmeisterin, eine zweiundachtzigjährige, stark an eine Hexe erinnernde Frau mit Buckel und spärlichen Zahnresten im Mund. Nichtsdestotrotz war sie allgegenwärtig, »rüstig« wäre zu wenig gesagt, um sie zu beschreiben. Nichts, was sich im Haus abspielte, entging ihrem Hexenblick.

Machen wir es kurz: Sie hat Jama Philip nicht verzaubert, sondern ihn ganz und gar bezaubert. Unser Kind, von ihr kurz Baby Philip genannt, wurde ihr Liebling. Von nun an kroch die alte Frau an so manchen Tagen auf allen vieren durch unsere Wohnung und spielte Kuckuck mit unserem Sohn; er wurde ihr Goasbua.

Dieser haselnussbraune Goasbua hatte es ganz schön in sich, vor allem nachts. Fast 1½ Jahre lang versuchte er auf Kosten unseres Schlafs seine beachtlichen Lungen zu trainieren. Wir wagten unseren geräuschbelästigten Mitbewohnern zunächst kaum unter die Augen zu treten, bis eines Morgens die Nachbarin von gegenüber aus ihrer Wohnung kam, als wir wieder einmal zu dritt mit rot geränderten Augen unter der Tür standen, um uns für den Tag zu verabschieden. »Auweh!«, stöhnte Walter. Die Frau ging auf uns zu. »Uschi«, sagte sie, »ich heiße Uschi«, kraulte unseren plärrenden Weltverdruss am Bauch und meinte: »Ach Gottele, Jungs haben öfter Blähungen, in drei oder vier Jahren ist das vorbei, bei meinem Sohn Kay war das auch so.« Kein wirklicher Trost, aber der Anfang einer wunderbaren Freundschaft.

Eines Tages klingelte es. Ich ging an die Tür, Baby Philip auf dem Arm, und sah durch den Spion. Es war niemand zu sehen, aber im selben Moment schrillte wieder die Klingel.

Draußen stand ein kleiner rothaariger Knirps – auf einem Schemel, den er angeschleppt hatte, um die Klingel zu erreichen. »Ich bin Nan-Nan«, antwortete er auf meine Frage, wer er denn sei, »was macht Baby?« Ich antwortete wahrheitsgemäß: »Baby schreit.« Darauf Nan-Nan, sichtlich genervt: »Baby muss schlafen!« Die Tür rechts von uns ging auf und Frau Flint erschien in der Tür, »Evelyn Flint«, wie sie sich vorstellte. Ob Nan-Nan ein typisch deutscher Name sei, fragte ich. Nein, meinte seine Mutter, er könne nur »Jan« noch nicht aussprechen. Inzwischen hatte es sich Nan-Jan auf unserem Sofa neben Jama Philips Wippe bequem gemacht, Auftakt für eine erste Annäherung der beiden Mütter.

Nach und nach lernten wir auch die Bewohner der anderen Stockwerke kennen: zuerst Klaus Flint, Jans Vater, dann eine Familie mit zwei Buben aus dem vierten Stock, Margret, Wesley, Marco und Christopher sowie ein junges Paar aus Luxemburg, wohnhaft im zweiten Stock. Wir unternahmen miteinander Radtouren, gingen in Biergärten, feierten im grünen Innenhof und wurden mehr. Wir stammten aus den unterschiedlichsten Ländern und Gegenden – gemeinsam war uns nur die Tatsache, dass wir unsere Familien nicht in München hatten, was gerade bei festlichen Anlässen ein gewisses Defizit an Nestwärme entstehen ließ.

Bis Klaus Flint eines Tages fragte: »Wieso feiern wir eigentlich nicht zusammen Weihnachten?« Er esse so gern Gänsebraten, aber für 2¼ Personen lohne sich das nicht, meinte er. Wir stimmten sofort zu, uns zu beteiligen, und auch Uschi und Kay wollten mitmachen.

Aber vorher kam noch der Nikolaus. Alle Kinder liefen aufgeregt durchs Haus, zumindest die, die laufen konnten, Jama Philip, inzwischen Turbo genannt, krabbelte mit affenartiger Geschwindigkeit die drei Stockwerke rauf und runter, Nan-Nan griff sich die Stiefel seines Vaters und lieh auch Philip einen, weil in einen Babyschuh ja so wenig reinpasst.

Am Heiligen Abend gingen wir dann gemeinsam in den Krabbelgottesdienst, was für mich als Moslime ein ganz neues Erlebnis war.

Leider war die Idee des gemeinsamen Festmahls sehr kurzfristig geboren worden, so dass die Umsetzung noch einige Schwierigkeiten bereitete und unsere erste Gemeinschaftsgans noch nicht der kulinarische Hochgenuss späterer Weihnachten war. Aber der Grundstein zu einer Tradition war gelegt – unsere Hausmeisterin musste sich allerdings vorwiegend an die weicheren Knödel und ans Blaukraut halten.

Die nächste Gans wurde dann generalstabsmäßig geplant. Schon im Frühjahr bestellten wir bei einem Bauern ein freilaufendes, körnergefüttertes Tier und entwarfen eine Strategie für den Ablauf des Heiligen Abends: Uschi sollte in ihrer Wohnung den Tisch decken, weil sie die größte Tafel hatte, und für den Nachtisch sorgen. Familie Flint frisches Blaukraut und die Knödel zubereiten, während wir für die Gans zuständig waren, weil wir den größten Ofen besitzen. So weit, so gut, nur war dies die erste Gans, deren Zubereitung uns oblag – und so fiel auch dieser zweite Anlauf noch nicht optimal aus. Vielleicht war das gute Tier auch allzu lange frei gelaufen … Doch wir ließen uns nicht unterkriegen und planten gleich wieder fürs nächste Jahr.

Inzwischen rechnen wir unsere Jahre in Gänsen – und rund um die immer besser gelingenden Weihnachtsgänse nahmen die Schicksale der Hausbewohner ihren Lauf:

Zwischen der 2. und der 3. Gans starb unsere Hausmeisterin, nicht im Pflegeheim, sondern in ihrer Wohnung, die Hausgemeinschaft hat sich bis zuletzt bei der Pflege abgewechselt.

Ein noch schmerzlicherer Verlust für die gesamte

Haus-Familie war der frühe Tod von Nan-Nans Vater – das war zwischen der 5. und der 6. Gans.

Trotzdem blieb die Gänse-Tradition bestehen, an der sich inzwischen auch Margret, Marco und Christopher beteiligten sowie sporadisch die Luxemburger.

Zwischen der 6. und 7. Gans wurde Jama Philip eingeschult und die Luxemburger bekamen Nachwuchs: Jean-Michael wurde unser neues Hausbaby.

Zwischen der 9. und 10. Gans zog Uschi aus. Seither findet das Gelage bei Evelyn statt, aber Uschi ist immer noch dabei und bringt den Nachtisch mit. Walter und ich haben uns inzwischen zu wahren Gänsespezialisten hochgearbeitet.

Kurz nach der 12. Gans hat sich Walter bei einem schrecklichen Sturz den 4. Halswirbel angebrochen, was dazu führte, dass ich in meinen langen, schlaflosen Nächten als Krankenpflegerin ein Buch über meine Kindheit in Somalia zu schreiben begann, das dann kurz vor der 14. Gans erschien.

Wir haben nun die berechtigte Hoffnung auf viele weitere Weihnachtsgänse in unserer selbsternannten Haidhauser Großfamilie. Am Heiligen Abend fühle ich mich in meinem Haus-Clan fast so daheim wie in Somalia. Ich weiß natürlich, dass ich da in ein ganz besonderes Haus geraten bin, möchte aber unser Rezept der Wahlverwandtschaften unbedingt weiter empfehlen. Denn vielleicht könnte auch anderswo so manch einsames Weihnachtsfest nach diesem Muster GANS anders verlaufen.

Erwin Strittmatter

Der Weihnachtsmann in der Lumpenkiste

In meiner Heimat gehen zum Andreastage, dem 30. November, die Ruprechte von Haus zu Haus. Die Ruprechte, das sind die Burschen des Dorfes in Verkleidungen, wie sie die Bodenkammern und die Truhen der Altenteiler, der Großeltern, hergeben. Die rüden Burschen haben bei diesem Rundgang durch das Dorf keineswegs den Ehrgeiz, friedfertige Weihnachtsmänner zu sein. Sie dringen in die Häuser wie eine Räuberhorde. Sie schlagen mit Birkenruten um sich, werfen Äpfel und Nüsse, auch Backobst ins Zimmer. Sie brummen wie alte Bären und wackeln mit den vermummten Köpfen. »Können die Kinder beten?« brummen sie. Die Kinder beten. Sie beten vor Angst kunterbunt: »Müde bin ich, geh' zur Ruh' … komm, Herr Jesus, sei unser Gast … der Mai ist gekommen …«

Wenn die Ruprechthorde die kleine Dorfschneiderstube meiner Mutter verlassen hatte, roch es darin noch lange nach stockigen Kleidungsstücken, nach Mottenpulver und reifen Äpfeln. Meine kleine Schwester und ich aber saßen unter dem großen Schneidertisch. Die Tischplatte schien uns ein besserer Schutz als unsere Gebetchen, und wir wagten lange nicht hervorzukommen, noch weniger das Dörrobst und die Nüsse, die die Ruprechte in die Stube geworfen hatten, anzurühren. Das hat denn auch meiner Mutter nicht gefallen, denn sie bestellte im nächsten Jahr die Ruprechte ab. Oh, was hatten wir für eine mächtige Mutter! Sie konnte die Ruprechte abbestellen und dafür das Christkind einladen.

Zu uns kam also jahrsdrauf das Christkind, um uns mit den üblichen Weihnachtsbringern zu versöhnen. Das Christkind trug ein weißes Tüllkleid und ging in Ermangelung von heiligweißen Strümpfen – es war im Ersten Weltkrieg – barfuß in geborgten Brautschuhen. Sein Gesicht war von einem großen Strohhut überschattet, dessen Krempe mit Wachswattekirschen garniert war. Vom Rande des Strohhutes fiel dem Christkind ein weißer Tüllschleier ins Gesicht. Das holde Himmelskind sprach mit piepsiger Stimme und streichelte uns sogar mit seinen Brauthandschuhhänden. Als wir unsere Gebete abgerasselt hatten, wurden wir mit gelben Äpfeln beschenkt, die den Goldparmänenäpfeln, die wir als Wintervorrat auf dem Boden in einer Strohschütte liegen hatten, sehr glichen. Das sollen nun Himmelsäpfel sein? Wir bedankten uns trotzdem artig mit »Diener« und »Knicks«, und das Christkind stakste auf seinen nackten Heiligenbeinen in den Brautstöckelschuhen davon.

»Habt ihr gesehen, wie's Christkind aussah?« fragte meine mit dem Christkind zufriedene Mutter.

»Ja«, sagte ich, »wie Buliks Alma hinter einer Gardine sah's aus.« Buliks Alma war die etwa vierzehnjährige Tochter aus dem Nachbarhause. An diesem Abend sprachen wir nicht mehr über das Christkind. Vielleicht kam die Mutter auch wirklich nicht ohne Weihnachtsmann aus, wenn sie sich tagsüber die nötige Ruhe in der Schneiderstube erhalten wollte. Jedenfalls sollte der Weihnachtsmann nach dem missglückten Christkind nunmehr eine Werkstatt über dem Bodenzimmer unter dem Dach eingerichtet haben. Das war freilich eine dunkle, geheimnisvolle Ecke des Häuschens, in der wir noch nie gewesen waren. Die Treppe führte nicht unter das Dach, und eine Leiter war nicht vorhanden. Die Mutter wusste so geheimnisvoll zu erzählen, wie sehr der Weihnachtsmann dort oben nachts, wenn wir schliefen, arbeitete, dass uns das Umhertollen und Plappern verging, weil der Weihnachtsmann sich bei Tage doch ausruhen und schlafen musste.

Eines Abends vor dem Schlafengehen hörten wir dann auch wirklich den Weihnachtsmann in seiner Werkstatt werken, und die Mutter war sicher an jenem Abend dankbar gegen den Wind, der ihr beim Märchenmachen behilflich war.

Soll der Weihnachtsmann Nacht für Nacht arbeiten, ohne zu essen? Diese Frage stellte ich hartnäckig.

»Wenn ihr artig seid, isst er vielleicht wahrhaftig einen Teller Mittagessen von euch«, entschied die Mutter.

Also erhielt der Weihnachtsmann am nächsten Tage von meiner Schwester und mir einen Teller Mittagessen. Den Teller stellten wir nach Ratschlägen unserer Mutter an der Tür des Bodenstübchens ab. Ich gab meinen Patenlöffel dazu. Sollte der Weihnachtsmann vielleicht mit den Fingern essen?

Bald hörten wir unten in der Schneiderstube, wie der Löffel im Teller klirrte. Oh, was hätten wir dafür gegeben, den Weihnachtsmann essen sehen zu dürfen; allein die gute Mutter warnte uns, den alten, wunderlichen Mann ja nicht zu vergrämen, und wir gehorchten.

Versteht sich, dass der Weihnachtsmann nun täglich von uns verköstigt wurde. Wir wunderten uns, dass Teller und Löffel, wenn wir sie am späten Nachmittag vom Boden holten, blink und blank waren, als wären sie durch den Abwasch gegangen. Der Weihnachtsmann war demnach ein reinlicher Gesell, und wir bemühten uns, ihm nachzueifern. Wir schabten und kratzten nach den Mahlzeiten unsere Teller aus, und dennoch waren sie nicht so sauber wie der leere Teller des heiligen Mannes auf dem Dachboden. Nach dem Mittagessen hatte ich als Ältester, um meine Mutter in der nähfädelreichen Vorweihnachtszeit zu entlasten, das wenige Geschirr zu spülen, und meine Schwester trocknete es ab. Da der Weihnachtsmann nun sein Essgeschirr im blitzblanken Zustand zurücklieferte, versuchte ich ihm auch das Abwaschen unseres Mittagsgeschirrs zu übertragen. Es glückte. Ich ließ den Weihnachtsmann für mich arbeiten, und meine Schwester war auch nicht böse, wenn sie die leicht zerbrechlichen

Teller nicht abzutrocknen brauchte. War es Forscherdrang, der mich zwackte, war es, um mich bei dem Alten auf dem Dachboden beliebt zu machen: Ich begann ihm außerdem auf eigene Faust meine Aufwartung zu machen. Bald wusste ich, was ein Weihnachtsmann gerne aß. Von einem Stück Frühstücksbrot, das ich ihm hingetragen hatte, aß er zum Beispiel nur die Margarine herunter. Der Großvater schenkte mir ein Zuckerstück, eine rare Sache in jener Zeit. Ich schenkte das Naschwerk dem Weihnachtsmann. Er verschmähte es. Oder mochte er es nur nicht, weil ich es schon angeknabbert hatte? Auch einen Apfel ließ er liegen, aber eine Maus aß er. Dabei hatte ich ihm die tote Maus nur in der Hoffnung hingelegt, er würde sie wieder lebendig machen; hatte er nicht im Vorjahr einen neuen Schwanz an mein Holzpferd wachsen lassen?

Soso, der Weihnachtsmann aß also Mäuse. Vielleicht würde er sich auch über Heringsköpfe freuen, die meine Mutter weggeworfen hatte. Ich legte drei Heringsköpfe vor die Tür der Bodenstube, und da mein Großvater zu Besuch war, hatte ich sogar den Mut, mich hinter der Lumpenkiste zu verstecken, um den Weihnachtsmann bei seiner Heringskopfmahlzeit zu belauschen. Ganz wohl war mir nicht dabei. Mein Herz pochte in den Ohren. Lange zu warten brauchte ich indes nicht, denn aus der Lumpenkiste sprang – »Murr! Miau!« – unsere schwarzbunte Katze, die dort den Tag im warmen Lumpengewölle verschlief. Eine Erschütterung ging durch mein kleines Herz. Ich schwieg jedoch über meine Entdeckung und ließ meine Schwester fortan den Teller Mittagbrot allein auf den Boden schaffen.

Bis zum Frühling bewahrte ich mein Geheimnis, aber als in der Lumpenkiste im Mai, da vor der Haustür der Birnbaum blühte, vier Kätzchen umherkrabbelten, teilte ich meiner Mutter dieses häusliche Ereignis mit: »Mutter, Mutter, der Weihnachtsmann hat Junge!«

Advent, Advent – von Arbeit, Stress und Heimlichkeiten

Kerzenschein und Glöckchenklang, dampfende Teetassen und leuchtende Kinderaugen, rote Schleifen auf grünem Tannengrün – Advent in der Werbung. Die Realität sieht oft etwas anders aus, die Vorweihnachtswochen sind alles andere als eine Zeit stiller Beschaulichkeit. Wir sind gestresst und fühlen uns zu oft überfordert, weil wir befürchten, den eigenen Ansprüchen und denen anderer an ein gelungenes Weihnachtsfest nicht gerecht zu werden.

Es mag nur ein kleiner Trost sein, aber November und Dezember waren in dieser Hinsicht schon immer anstrengende Monate. In der angeblich so guten alten Zeit musste alles, was für die Feiertage gebraucht wurde, zu Hause hergestellt werden. Natürlich wurde gebacken – davon später mehr, hier nur ein Beispiel. In Thorn an der Weichsel (polnisch Torún) wurden am Kathreintag, dem 25. November, jene berühmten Honigkuchenplätzchen gebacken, die Tag und Ort ihres Entstehens im Namen tragen: Die Thorner Kathrinchen. Sie konnten dann einen Monat in Blechdosen

»reifen«. Gut, wenn sie fertig waren, denn bis zum Fest blieb viel zu tun: Man musste schlachten und einkochen, Kerzen ziehen, Krippenfiguren und Christbaumschmuck neu machen oder ausbessern, später auch Adventskränze binden und schmücken. Geschenke wurden nicht gekauft, sondern selbst gemacht. Das erforderte Fantasie und Zeit und zwang alle Familienmitglieder zu wochenlanger Heimlichtuerei, vor allem, wenn man beengt wohnte.

1844 wollte der Frankfurter Arzt Heinrich Hoffmann seinem dreijährigen Sohn zu Weihnachten ein Buch schenken. Weil er nichts fand, was ihm gefiel, dichtete und zeichnete er selbst ein Bilderbuch und legte es dem Kind unter den Christbaum.

Im folgenden Jahr erschien das Büchlein unter dem Titel *Der Struwwelpeter*. Seither ist es in siebzig deutsche Dialekte und über vierzig »richtige« Fremdsprachen übersetzt worden – und lag als Geschenk schon unter zahllosen Christbäumen.

Wilhelm Matthießen

Die Geschichte von den Lebkuchen

Das ist nun schon viele hundert Jahre her, da hat in Nürnberg, der berühmten Stadt, ein dicker runder Bäckermeister gewohnt. Aber nicht nur aufs Backen verstand er sich, er war auch ein grundguter Kerl. Das Herz tat ihm immer weh, alle Jahre, wenn es auf Sankt Niklaustag oder Weihnachten zuging. »Du liebes Christkind«, brummelte er, »was soll ich diesmal nur Leckeres backen, daß du es den Kindern bringst? Immer Brot und nur Brot und nichts als Brot, das geht doch nicht! Ach, was mach' ich nur, ich armer, dicker, runder Bäckermeister?«

Er besann sich hin, besann sich her. Dann aber – die Hagebutten wurden schon rot und die Haselnüsse braun und der Wind schüttelte die Kastanien von den Bäumen – kaufte er sich ein Notizbuch, packte seine Siebensachen und befahl der Katze, sie solle die Mäuse kurzhalten, damit sie ihm nicht das ganze Mehl für die Weihnachtsbäckerei wegfräßen. »Denn ich will doch sehen, was es sonst noch zu backen gibt als Brot und immer noch mal Brot.« Er schloß die Tür hinter sich ab und wanderte hinaus in die weite Welt.

Zuerst kam der dicke runde Bäckermeister nach Regensburg. Aber soviel er sich auch umschaute, hier gab es nur Brot und Regensburger Würstchen. »Nichts für mich!« dachte er und machte, daß er nach München kam. Aber die Münchener Salzbrezel, damit konnte er nun mal gar nichts anfangen. Zu Weihnachten Salzbrezel? Nein, das wäre ja noch schöner!

So tippelte der dicke runde Bäckermeister weiter, und immer noch war sein Notizbuch leer. Nach Frankfurt kam er, da machten sie nur Frankfurter Würstchen und Apfelwein. Sogar in der Kaiserstadt Aachen gab es die Aachener Printen damals noch nicht. Auch in Köln nur Käsebrötchen, die »Halbe Hähne« hießen, und nicht mal in Amsterdam backten die Leute Spekulatius. Aber der Bäckermeister ließ den Mut nicht sinken und wanderte ostwärts. Da erlebte er denn auch kein blaues Wunder. Die große Stadt Berlin, ja, die stand damals noch gar nicht! Nur Wald und Sumpf. In dem Wald aber traf er einen uralten Einsiedler. Der lebte von Eicheln und Haselnüssen. »Am besten gehen Sie mal nach Wien«, sagte der Einsiedler zu dem Bäckermeister. »Da soll's Wiener Würstchen geben, fabelhaft!«

Aber der dicke runde Bäckermeister hatte nun genug. »Es hilft alles nichts«, dachte er, »ich will lieber zurück nach Nürnberg!« Er wanderte einen Tag um den andern. Da endlich kam er in die böhmischen und bayrischen Wälder. Als es dann Abend wurde und Nacht, traf er zum Glück auf ein Häuschen. Das stand tief unter den dunklen Fichten. Dicht neben dem Häuschen war ein großer, schwarz verräucherter Backofen. Oh, so etwas gefiel dem dicken runden Bäckermeister! Er klopfte bei dem Häuschen an, klopfte noch einmal und noch einmal. Da endlich wurde es lebendig drinnen. Die Tür ging auf, und darin stand eine uralte Frau, die krächzte: »Mitten in der Nacht? Das sind mir ja feine Manieren! Ich bin nämlich die Waldfrau, und mit mir ist nicht gut Kirschen essen!« So schimpfte sie, fuchtelte mit ihrem Krückstock und wackelte mit dem Kopf.

»Keine Angst, Mütterchen«, sagte der brave Bäckermeister.

»Ich bin müde vom langen Weg. Ein Eckchen auf der Ofenbank habt Ihr sicher für mich?«

»Hunger hast du wohl auch?« kreischte die Alte. »Scher dich! Ich hab' nichts wie Lebkuchen und Pfeffernüsse, und du glaubst gar nicht, wie satt ich es bin, das süße Zeug!«

Der Bäckermeister riß Mund und Augen auf. »Was habt Ihr? Süßen Lebkuchen und süße Pfeffernüsse? Sagt das noch einmal!«

»Du hast wohl Rattennester in den Ohren?« giftete die Waldfrau.

»Lebkuchen und Pfeffernüsse! Pfeffernüsse und Lebkuchen, Lebkuchen und Pfeffernüsse!«

Dem Bäckermeister rollten vor Freude die dicken Tränen herab. »Dann ist ja alles gut«, sagte er, »ich hab' nämlich nur Brot!«

»Was hast du?« schrie die Alte. »Bist du verrückt? Brot hast du? Ich weiß nicht einmal, was Brot ist! Sag, ist das süß oder sauer?«

»Brot? Das ist mehr sauer«, sagte der Bäcker. »Sauer?« rief die Waldfrau. »Sauer ist Brot? Oh, wie lecker, wie lecker!« Und sie packte ihn bei der Hand und riß ihn in den Hausflur, daß er fast der Länge nach hingeflogen wäre.

Bald aber saßen sie zusammen auf der Herdbank. Der dicke runde Bäckermeister kramte alles, was er zu essen bei sich hatte, aus der Tasche. Die Alte stopfte das Brot Brocken für Brocken in den Mund, schlang wie ein Wolf, schmatzte und schluckte. Und der Bäcker verdrehte die Augen vor Wonne und aß süße Lebkuchen und Pfeffernüsse. »Nun hab' ich's, wonach ich suchte«, sagte er, »und brauche nicht mehr durch die ganze Welt zu rennen. Denn du, Waldfrau, sagst mir doch gewiß, wie man die Dinger mischt und mengt, buddelt und knuddelt. Und wieviel Zucker und Salz, Butter und Schmalz, Pfeffer und Zimt und was sonst dazu gehört. Dafür verrate ich dir das mit dem Brot!«

Da freute sich die Alte, tanzte wie ein Brummkreisel im Häuschen herum, verlangte neues Brot, mampfte und pampfte, und zwischendurch wisperte sie dem Bäckermeister zu, wie man Lebkuchen und Pfeffernüsse backt. Der dicke runde Bäckermeister aber hatte bald sein Notizbuch vollgeschrieben und die Rezepte für sechserlei Brot der Waldfrau mit Kreide auf die Tür gekrakelt.

Früh am andern Morgen dann wanderte er weiter und kam gerade heim, als es zu weihnachten anfing. Zu Hause war auch alles in schönster Ordnung. Die Katze war auf dem Posten gewesen, und die Mäuse hatten keine guten Tage bei ihr gehabt, gut und schneeweiß war das Mehl.

Noch am selben Tag fing das Backen an: Lebkuchen und Pfeffernüsse und noch einmal Lebkuchen und Pfeffernüsse.

Die Leute der Stadt Nürnberg waren sehr verwundert. Denn alle Abende, sowie es dunkelte, ging's los, klingklang, durch alle Gassen. Das waren die Weihnachtsengel mit ihren Schlitten. Kam einer mit einem vollen Sack aus dem Bäckerladen, so hielt schon der nächste brr! sein Pferdchen an und stieg aus. Ein Duft aber nach süßem Backwerk und Engelsflügeln hing über der Stadt. Und tausend Heiligenscheine glitzerten blau, silbern und golden durch den Schnee.

Seht, so kamen die Nürnberger Lebkuchen und die Pfeffernüsse in die Welt und in jedes Weihnachtshaus. – Das Märchen ist aus.

Rezept für *Pfeffernüsse*

In Deutschland gibt es zwei große alte Lebkuchen-Traditionen. Die Nürnberger Tradition geht auf die sich dort kreuzenden mittelalterlichen Handelswege zurück, auf denen die wertvollen Gewürze in die Stadt kamen. Sie zeugt aber auch vom Reichtum der Patrizierfamilien, zum Beispiel der Fugger. So wird in den Nürnberger Elisenlebkuchen das Mehl komplett durch Mandeln ersetzt, die wie die Gewürze teure Importware waren. Pulsnitzer Pfefferkuchen hingegen sind bis heute schlichter, so wie auch das beschauliche Städtchen unweit von Dresden bescheidener wirkt als Nürnberg. Eines aber haben die verschiedenen Lebkuchenteige gemeinsam: Sie müssen reifen. Was die Pfefferkuchen angeht, gehört Pfeffer nur bedingt in dieses würzige, feste Gebäck: Das Wort im Namen steht eher für die Vielfalt der Gewürze.
Im Allgemeinen gehören Lebkuchen zu den Gebäcken, die man zwar selbst machen kann, im Grunde aber den Spezialisten überlassen sollte, den Pfefferküchlern. Pfeffernüsse hingegen sind heimwerkertauglicher. In Süddeutschland gibt es unter dieser Bezeichnung auch eine helle Variante auf Eiweißbasis, den Springerle verwandt.

500 g Zuckerrübensirup aufkochen, vom Herd nehmen und mit *50 g Butter* und *500 g Mehl* verrühren. *15 g Pottasche* in etwas *Milch* anrühren, unter den Teig mischen und diesen abgedeckt an einem kühlen Ort 24 Std. ruhen lassen. Am nächsten Tag *50 g abgezogene, fein gehackte Mandeln, 50 g sehr fein gehacktes Zitronat* sowie etwas *Salz, abgeriebene Zitronenschale, gemahlenen Ingwer, Kardamom, Zimt, Nelken* und *Piment* (insgesamt 1 guten Tl, diese Gewürze lassen sich auch durch eine fertige Lebkuchengewürzmischung ersetzen) unter den Teig mischen und ihn gut 1 cm dick ausrollen. Etwa 2-Euro-Stück große runde Plätzchen ausstechen, mit Abstand voneinander auf Bleche mit Backpapier setzen und im vorgeheizten Ofen bei 160°C etwa 20 Min. backen. Die Pfeffernüsse brauchen einige Tage, um ihr Aroma voll zu entfalten!

Glühwein, Karussell und Christbaumschmuck

Wichtige Daten im Kirchenkalender waren seit Jahrhunderten Anlass für Messen und Märkte, auf denen die Bürger einer Stadt und des Umlandes sich mit dem Notwendigen versorgen konnten. Auch Weihnachtsmärkte waren anfangs nicht zum Vergnügen da, dort wurden nur Dinge für den täglichen Bedarf verkauft. In Lübeck beispielsweise gab es schon 1286 zur Weihnachtszeit einen Handwerkermarkt.

Wie wichtig die Märkte für die Bevölkerung waren, beweist ihre Größe: 1790 standen auf dem Berliner Weihnachtsmarkt sage und schreibe 250 Buden. Zum Vergleich: 2009 brachte es der weltberühmte Nürnberger Christkindlesmarkt auf etwa 180 Buden und Schausteller.

Damit man Gottesdienst und Einkauf gut verbinden konnte, lagen die Märkte nahe bei den Kirchen; der Hamburger Weihnachtsmarkt fand bis 1804 sogar im Inneren der Domkirche statt. Sie wurde abgerissen, aber das größte Hamburger Volksfest heißt immer noch »Dom«. Der Dresdner Striezelmarkt findet seit 1434 statt und das regelmäßig! Er hat seinen Namen vom *Dresdner Christstollen*, denn der heißt auch *Dresdner Striezel*.

Der erste Weihnachtsmarkt in Frankfurt am Main wurde 1393 erwähnt. Die Stadt hatte bis zum Ende des neunzehnten Jahrhunderts kein Geschäft für Spielwaren. Die konnte man nur einmal im Jahr auf dem Christkindchesmarkt an der Nikolaikirche kaufen. »Als ich über den Markt ging und die vielen Lichter und Spielsachen sah, dachte ich an Euch und meine Buben«, schrieb Johann Wolfgang von Goethe am 25. Dezember 1772 in einem Brief.

Mit der Zeit kamen überall Buden mit Süßigkeiten und Christbaumschmuck hinzu; Karusselle gab es erst ab 1880. Heute sind Weihnachtsmärkte vor allem Orte der Unterhaltung und ein wichtiger Faktor bei der touristischen Vermarktung einer Stadt. 2,5 Millionen Besucher schlendern Jahr für Jahr allein über den Dresdner Markt; Nürnberg vermarktet sich als »Weihnachtsstadt Nr. 1«, bei einer Umfrage kürten die Deutschen den Nürnberger Christkindlesmarkt zu einem ihrer »fünfzig Lieblingsorte«. Auch der amerikanische Nachrichtensender CNN empfiehlt seinen Zuschauern eine Reise dorthin. Die Redakteure der Londoner Tageszeitung *The Times* aber sind anderer Meinung: Zum »schönsten Weihnachtsmarkt Europas« kürten sie weder den in Nürnberg noch den in Dresden, weder den Markt auf dem Münchner Marienplatz noch den Straßburger »Christkindelsmärik«, den es immerhin auch schon seit 1570 gibt. Ihr Favorit ist der Weihnachtsmarkt am Kölner Dom.

Stimmung und Ort mögen sich unterscheiden, das Angebot der Märkte ist überall gleich: viel Schaustellerei, Bratwürste, Apfelkrapfen, Glühwein, gebrannte Mandeln und jede Menge traditionelles Kunsthandwerk. Aber aufgepasst: Einiges von dem, was traditionell aussehen will, verrät seine wahre Herkunft durch minderwertige Machart und den (allzu) niedrigen Preis: Es ist chinesische Fließbandware.

Walter Zauner

Aus dem Tagebuch eines engagierten Münchner Weihnachtsmarktbesuchers

Um die Woche beschaulich ausklingen zu lassen, habe ich mich mit Peter und Niki auf dem Schwabinger Weihnachtsmarkt verabredet, um mit ihnen ein, zwei Gläser Glühwein zu trinken.

Um 12.15 komme ich an der Münchner Freiheit an. Peter und Niki sind noch nicht da. Also muss ich wohl oder übel den ersten Glühwein allein trinken. Als die beiden endlich eintreffen, habe ich bereits die zweite Tasse zur Hälfte geleert. Wir unterhalten uns über alte Zeiten und darüber, dass wir uns vor nunmehr vier Jahren auf dem Schwabinger Weihnachtsmarkt genau an diesem Stand beim Glühweintrinken kennengelernt haben. Wir kommen aufs Leben an sich und die Liebe im Besonderen zu sprechen.

So kommt es sehr schnell zum dritten beziehungsweise kurz später zum vierten Glas Glühwein.

Um 13.45 muss ich aufbrechen, weil ich schon um zwei mit Thomas auf dem Neuhausener Weihnachtsmarkt am Rotkreuzplatz verabredet bin. Mit ihm trinke ich einen Teisendorfer Weihnachtstrunk, der auf der Grundlage von Früchtetee mit Enzian und Rum gemischt wird. Angeblich eine Chiemgauer Spezialität aus dem siebzehnten Jahrhundert. Ich genehmige mir zwei Tassen davon, wobei wir uns angeregt über das Leben an sich und die Liebe im Besonderen unterhalten.

Ich winke von Weitem meiner Nichte Monika zu, deren Lippen wieder einmal innig an einem Glas Unterbriesacher Muttergottes-Punsch kleben. Die lässt nichts aus, denke ich mir.

Auf dem Weg zur U-Bahn bleibe ich an einem Stand hängen, der weißen Glühwein auf der Grundlage von Grünem Veltliner aus dem Burgenland anbietet. Überzeugt mich überhaupt nicht. Deswegen nur eine Tasse. Dann steige ich in die U-Bahn ein.

Es ist bereits 15.07, als ich auf dem Giesinger Weihnachtsmarkt eintreffe. Ich besuche ihn dieses Jahr zum ersten Mal. Deswegen kenne ich hier noch niemanden. Aber das macht nichts.

Umso besser schmeckt der Zirltaler Winterpunsch auf der Grundlage von Kirschwasser mit schwarzem Tee. An und für sich zu kräftig für die Tageszeit, obwohl es schon dunkelt. Deswegen bleibt es auch bei einem Glas. Aber den Zirltaler Winterpunsch wird man sich merken müssen.

Um 15.33 nehme ich die Straßenbahn, die mich vom Giesinger Weihnachtsmarkt direkt zum Haidhauser Weihnachtsmarkt am Weißenburger Platz bringt. Ich bin dort mit Hermann verabredet, der sich aber wieder verspätet.

Also kaufe ich allein ein Glas Finsterglühwein und stelle mich zu Gleichgesinnten. Wer Weihnachtsmärkte kennt, weiß, dass es überall Gleichgesinnte gibt. Ich führe ein paar nette Gespräche über das Leben an sich und die Liebe im Besonderen.

Nach einem warmen Jäger – das ist ein heißes alkoholreiches Getränk auf der Grundlage von Wasser und Kräuterlikör – gehe ich zur S-Bahn und fahre um genau 16.17 zum zentralen Weihnachtsmarkt am Marienplatz.

Jetzt dunkelt es bereits gewaltig. Trotzdem erkenne ich an einem Glühweinstand Hermann, mit dem ich mich an sich auf dem Haidhauser Weihnachtsmarkt am Weißenburger Platz treffen wollte.

Nach erheblichen Vorwürfen meinerseits versöhnen wir uns bei einem heißen Ratzebutz. Das ist kein einheimisches Getränk. Man trinkt es zur Weihnachtszeit im Badischen. Auf der Grundlage von Bärwurzschnaps und Ingwerlikör. Andere Länder, andere Sitten!

Gegen 17.00 sagt Hermann, ich soll nicht schwächeln und ihn auf den Pasinger Weihnachtsmarkt begleiten. Freilich, sag ich, das ist der nächste Weg für einen, der noch einmal auf den Schwabinger Weihnachtsmarkt muss.

Aber, sagt Hermann, da gibt's den feinen schlesischen Christfestsschoppen! Überredet!

Wir fahren nach Pasing. Aber erwischen blöderweise die S7, die gar nicht nach Pasing fährt, sondern nach Solln. Trotzdem ärgern wir uns nicht, weil wir auf diese Weise auch noch den Mittersendlinger Christkindlmarkt mitnehmen können.

Wir kommen mit einer jüngeren Frau bei heißem Klobensteiner Wurzhüttengeist aus dem bayerischen Oberland ins Gespräch und landen in Kürze beim Leben an sich und der Liebe im Besonderen. Das schlägt Hermann aufs Gemüt, und wir brechen jäh zum Pasinger Weihnachtsmarkt auf, den wir um 17.55 erreichen.

Aber von dem hochgelobten schlesischen Christfestsschoppen bin ich eher enttäuscht, gebe ihm aber noch eine zweite, dritte, gar eine vierte Chance. Aber es ist und bleibt ein süßes, klebriges Zeug. Trotz seiner 38 Prozent. Leicht verärgert setze ich mich deshalb um 18.31 in die S-Bahn.

Da ich ein Mensch bin, der ungern im Leben etwas auslässt, mache ich noch einen Abstecher zum Stephansplatz, auf dem heuer das erste Mal ein Weihnachtsmarkt stattfindet, auf dem sich vor allem Männer einfinden. Warum auch nicht? Jeder hat das Recht auf einen Weihnachtsmarkt. Aber der Christbaum, der da zwischen diesen Männern steht, überrascht mich dann doch. Er ist sehr rosa. Weil, sagt der schöne Hans vom Crazy-Pink-Getränkestand: Unser Advent ist halt rosa. Wir wollen so feiern, wie wir leben, sagt er, und das ist kunterbunt. Kunterbunt sind auch die Getränke: vom Tee aus dem nepalesischen Hochland mit so viel Eierlikör drin, dass man vom Tee überhaupt nichts mehr schmeckt – mir soll's recht sein –, bis zum Heißen Bischof, der zwar würzig, aber alkolholmäßig eher schlaff ist. Da sollte die Kirche einmal ein Machtwort sprechen. Probiert habe ich alles auf diesem rosa Markt, weil ich eben ein Mensch ohne Vorurteile bin. Übrigens habe ich dort auch meinen Nachbarn Willi Stadler getroffen, dem das überhaupt nicht recht war. Mir eigentlich auch nicht. Trotzdem haben wir gemeinsam einen kohlrabenschwarzen Lumumba getrunken und uns übers Leben an sich und die Liebe im Besonderen unterhalten.

Um weder am schwarzen Lumumba noch am blonden Willi hängen zu bleiben, eile ich noch einmal zum Marienplatz. Hier entdecke einen Getränkestand der Caritas, der etliche lateinamerikanische Weihnachtsgetränke anbietet, wie ja überhaupt unsere Weihnachtsmärkte verstärkt der Globalisierung Rechnung tragen. Ich entscheide mich für einen hochprozentigen Navidad Kakao auf der Grundlage von Zimt, Sahne und kubanischem Rum.

Ich nehme sogar noch eine zweite Tasse zu mir, weil es einer guten Sache dient und weil ich mich von einer Brasilianerin in den besten Jahren in eine Diskussion über das Leben an sich und die Liebe im Besonderen verwickeln lasse.

So kommt es eben sehr schnell noch zu zwei heißen Zitroneningwer-Likör-Gläschen, einem heißen Christmas Caipirinha und am Stand daneben zu einem Fläschchen Kötztinger Fichtennadeleukalyptus-Schauminspiration, die mich aber geschmacklich eher an flüssiges Badesalz erinnert.

Deswegen breche ich abrupt zum Schwabinger Weihnachtsmarkt auf, wo Peter und Niki sich nicht mehr über das Leben an sich, sondern nur noch über die Liebe unterhalten.

Ich genehmige mir die zwei letzten Glühweingläser, schwemme damit die Kötztinger Fichtennadeleukalyptus-Schauminspiration weg und mache meinen Freunden den Vorschlag, diesen vorweihnachtlichen Abend mit dem schönen Andachtsjodler würdig ausklingen zu lassen. Unser Gesang geht allen ans Gemüt, und so singt bei der vierten Wiederholung bereits der halbe Schwabinger Weihnachtsmarkt mit. Djodjodihöhh!

Sogar der Massimo vom italienischen Stand jodelt mit. Ich umarme ihn, und er lädt mich zu einem sizilianischen Buon-Natale-Punsch ein. Wenn sich meine heute schon arg strapazierten Geschmacksnerven nicht irren: heißer Lambrusco mit viel Ramazotti.

Um 19.30 gehe ich mit feuchten Augen und wende mich anderen wichtigen Dingen des Lebens zu, das halt nicht nur aus Weihnachten besteht.

Trotzdem allerseits ein fröhliches und besinnliches Djodjodihöhh!

Johann Wolfgang von Goethe

(an Johann Christian Kestner)

Am Weihnachtsmorgen 1772

Frankfurt, den 25. Dezember 1772

Christtag früh. Es ist noch Nacht, lieber Kestner, ich bin aufgestanden, um bei Lichte morgens wieder zu schreiben, das mir angenehme Erinnerungen voriger Zeiten zurückruft; ich habe mir Coffee machen lassen, den Festtag zu ehren, und will euch schreiben, bis es Tag ist. Der Türmer hat sein Lied schon geblasen, ich wachte darüber auf. Gelobet seist du, Jesus Christ! Ich hab diese Zeit des Jahrs gar lieb, die Lieder, die man singt, und die Kälte, die eingefallen ist, macht mich vollends vergnügt. Ich habe gestern einen herrlichen Tag gehabt, ich fürchtete für den heutigen, aber der ist auch gut begonnen, und da ist mir's fürs Enden nicht angst.

Der Türmer hat sich wieder zu mir gekehrt; der Nordwind bringt mir seine Melodie, als blies er vor meinem Fenster. Gestern, lieber Kestner, war ich mit einigen guten Jungens auf dem Lande; unsre Lustbarkeit war sehr laut und Geschrei und Gelächter von Anfang zu ende. Das taugt sonst nichts für die kommende Stunde. Doch was können die heiligen Götter nicht wenden, wenn's ihnen beliebt; sie gaben mir einen frohen Abend, ich hatte keinen Wein getrunken, mein Aug war ganz unbefangen über die Natur. Ein schöner Abend, als wir zurückgingen; es ward Nacht. Nun muß ich Dir sagen, das ist immer eine Sympathie für meine Seele, wenn die Sonne lang hinunter ist und die Nacht von Morgen heraus nach Nord und Süd um sich gegriffen hat, und nur noch ein dämmernder Kreis von Abend herausleuchtet. Seht, Kestner, wo das Land flach ist, ist's das herrlichste Schauspiel, ich habe jünger und wärmer stundenlang so ihr zugesehn hinabdämmern auf meinen Wanderungen. Auf der Brücke hielt ich still. Die düstre Stadt zu beiden Seiten, der stilleuchtende Horizont, der Widerschein im Fluß machte einen köstlichen Eindruck in meine Seele, den ich mit beiden Armen umfaßte.

Ich lief zu den Gerocks, ließ mir Bleistift geben und Papier und zeichnete zu meiner großen Freude das ganze Bild so dämmernd warm, als es in meiner Seele stand. Sie hatten alle Freude mit mir darüber, empfanden alles, was ich gemacht hatte, und da war ich's erst gewiß, ich bot ihnen an, drum zu würfeln, sie schlugen's aus und wollen, ich soll's Mercken schicken. Nun hängt's hier an meiner Wand und freut mich heute wie gestern. Wir hatten einen schönen Abend zusammen, wie Leute, denen das Glück ein großes Geschenk gemacht hat, und ich schlief ein, den Heiligen im Himmel dankend, daß sie uns Kinderfreude zum Christ bescheren wollen.

Als ich über den Markt ging und die vielen Lichter und Spielsachen sah, dacht ich an euch und meine Bubens, wie ihr ihnen kommen würdet, diesen Augenblick ein himmlischer Bote mit dem blauen Evangelio, und wie aufgerollt sie das Buch erbauen werde.

Hätt ich bei euch sein können, ich hätte wollen so ein Fest Wachsstöcke illuminieren, daß es in den kleinen Köpfen ein Widerschein der Herrlichkeit des Himmels geglänzt hätte. Die Torschließer kommen vom Bürgermeister und rasseln mit den Schlüsseln. Das erste Grau des Tags kommt mir über des Nachbarn Haus, und die Glocken läuten eine christliche Gemeinde zusammen. Wohl, ich bin erbaut hier oben auf meiner Stube, die ich lang nicht so lieb hatte als jetzt.

Rezept für Dresdner Stollen

Weihnachten ohne Stollen? Geht gar nicht! Mancherorts hat sich ein Rezept mit Backpulver statt Hefe durchgesetzt, das »saftigere« Ergebnisse bringt. Etwas Nierenfett (vom Metzger/Fleischer/Schlachter Ihres Vertrauens) hat einen ähnlichen Effekt. Lange Lagerung ist unabdingbar – also vor dem Ersten Advent backen und erst an Heiligabend anschneiden. Die Bremer Variante des Stollens heißt übrigens Klaben; er enthält traditionell noch mehr Rosinen, Zitronat und Orangeat. Eine ganz und gar moderne Erfindung hingegen ist der Marzipanstollen; er ist ein Trick der Backwarenindustrie, um sich die Lagerung zu sparen und immer Süßeres zu bieten …

500 g Mehl in eine Schüssel sieben, in die Mitte eine Mulde drücken. *35 g Hefe* hineinbröckeln, mit *60 ml lauwarmer Milch* verrühren und etwas Mehl bestäuben. Zugedeckt 15 Min. gehen lassen. Dann mit *125 g Butter* in Würfeln, *50 g gehacktem Nierenfett, 2 Eiern, 65 g Zucker*, etwas *Salz*, der abgeriebenen Schale von *½ Zitrone, 1 El Rum*, etwas *Vanille* und gemahlenem *Kardamom* zu einem Teig kneten. *150 g große Rosinen, 125 g Korinthen, 100 g abgezogene, gehackte Mandeln* sowie *100 g gewürfeltes Zitronat* einarbeiten, den Teig mit Mehl bestäuben und abgedeckt an einem angenehm warmen, nicht zugigen Ort etwa 1 Std. gehen lassen. Dann zu einem

Rechteck formen und ein Drittel längs zum Stollen überklappen. Im vorgeheizten Ofen bei 160°C etwa 1 Std. backen, dann sofort reichlich mit zerlassener *Butter* bestreichen und mit *Puderzucker* bestäuben. Gut einpacken, lagern!

Heißa, dann ist Weihnachtstag!

Sie ist auf der viertausend Jahre alten Himmelsscheibe von Nebra ebenso berücksichtigt wie in der (ebenso alten) Anlage des englischen Stonehenge, sie wird seit Urzeiten und in nahezu allen europäischen Kulturen feierlich begangen: die Wintersonnenwende, der kürzeste Tag des Jahres, dem die längste Nacht folgt.

Im alten Rom wurde am 25. Dezember der unbesiegbare Sonnengott (Sol invictus) geehrt; die nordeuropäischen Germanen feierten Jul. Überall sollten mit rituellen Handlungen die Finsternis und die dunklen Mächte, die in ihr hausten, vertrieben und die Wiederkehr des Lichtes und der Fruchtbarkeit beschworen werden.

Diese Tage am Jahresende waren also uralte heidnische Festtage. Daher versuchte ein Papst schon im Jahr 217, dieses magische Datum für die Kirche zu »kapern«; 354 legte sein Nachfolger Papst Liberius das Weihnachtsfest auf den 25. Dezember: 813 wurde der Tag im deutschen Sprachraum zum »festum nativitas Christi« erklärt. So wurde aus dem Tag des Sonnengottes und der Wintersonnenwende das Fest zur Geburt Jesu. Anfangs war es ein reines Kirchenfest, das das »Kommen des wahren Gottes« feierte. Bis zu dem Weihnachtsfest, wie wir es kennen und feiern, war es noch ein langer Weg.

Fritz Vincken

Zwischenfall im Hürtgenwald

Am Heiligen Abend 1944, mitten in der Ardennenschlacht, hatten Mutter und ich unerwartete Gäste.

Als es an diesem Weihnachtsabend an der Tür klopfte, ahnten Mutter und ich nichts von dem Wunder, das wir erleben sollten.

Ich war damals zwölf, und wir lebten in einem kleinen Häuschen in den Ardennen, nahe der deutsch-belgischen Grenze. Vater hatte das Häuschen vor dem Krieg benützt, wenn er an Wochenenden auf die Jagd ging; und als unsere Heimatstadt Aachen immer stärker unter Luftangriffen zu leiden hatte, schickte er uns dorthin. Ihn selbst hatte man in der sechs Kilometer entfernten Grenzstadt Monschau zum Luftschutzdienst eingezogen.

»In den Wäldern seid ihr sicher«, hatte er zu mir gesagt. »Pass gut auf Mutter auf. Du bis jetzt ein Mann.«

Aber vor einer Woche hatte Generalfeldmarschall von Rundstedt mit der letzten verzweifelten deutschen Offensive dieses Krieges begonnen, und während ich jetzt zur Tür ging, tobte ringsum die Ardennenschlacht. Als es klopfte, blies Mutter rasch die Kerzen aus. Dann ging sie vor mir zur Tür und stieß sie auf. Draußen standen, vor dem gespenstischen Hintergrund der verschneiten Bäume, zwei Männer mit Stahlhelmen. Der eine redete Mutter in einer Sprache an, die wir nicht verstanden, und zeigte dabei auf einen dritten, der im Schnee lag. Sie begriff schneller als ich, dass es sich um Amerikaner handelte. Feinde!

Mutter stand, die Hand auf meiner Schulter, schweigend da, unfähig, sich zu bewegen. Die Männer waren bewaffnet und hätten sich den Eintritt erzwingen können, aber sie rührten sich nicht und baten nur mit den Augen. Der Verwundete schien mehr tot als lebendig. »Kommt rein«, sagte Mutter schließlich. Die Soldaten trugen ihren Kameraden ins Haus und legten ihn auf mein Bett.

Keiner von ihnen sprach Deutsch. Mutter versuchte es mit Französisch, und in dieser Sprache konnte sich einer der Männer einigermaßen verständigen. Bevor Mutter sich des Verwundeten annahm, sagte sie zu mir: »Die Finger der beiden sind ganz steif. Zieh ihnen die Jacken und die Stiefel aus und bring einen Eimer Schnee herein.« Kurz darauf rieb ich ihnen die blaugefrorenen Füße mit Schnee ab.

Der Untersetzte, Dunkelhaarige, erfuhren wir, war Jim. Sein Freund, groß und schlank, hieß Robin. Harry, der Verwundete, schlief jetzt auf meinem Bett, mit einem Gesicht so weiß wie draußen der Schnee. Sie hatten ihre Einheit verloren und irrten seit drei Tagen im Wald umher, auf der Suche nach den Amerikanern, auf der Hut vor den Deutschen. Sie waren unrasiert, sahen aber, ohne ihre schweren Mäntel, trotzdem aus wie große Jungen. Und so behandelte Mutter sie auch.

»Geh, hol Hermann«, sagte Mutter zu mir. »Und bring Kartoffeln mit.«

Das war eine einschneidende Änderung in unserem Weihnachtsprogramm. Hermann war ein fetter Hahn (benannt nach Hermann Göring, für den Mutter nicht viel übrig hatte), den wir seit Wochen mästeten, in der Hoffnung, Vater werde Weihnachten zu Haus sein. Und als uns vor einigen Stunden klargeworden war, dass er nicht kommen würde, hatte Mutter gemeint, Hermann solle noch ein paar Tage am Leben bleiben, für den Fall, dass Vater zu Neujahr kam. Nun hatte sie sich wieder anders besonnen. Hermann sollte jetzt gleich eine dringende Aufgabe erfüllen.

Während Jim und ich in der Küche halfen, kümmerte sich Robin um Harry, der einen Schuss in den Oberschenkel abbekommen hatte und fast verblutet war. Mutter riss ein Laken in Streifen zum Verbinden der Wunde.

Bald zog der verlockende Duft von gebratenem Hahn durch das Zimmer. Ich deckte gerade den Tisch, als es wieder klopfte. In der Erwartung, noch mehr verirrte Amerikaner zu sehen, öffnete ich ohne Zögern die Tür. Draußen standen vier Männer in Uniformen, die mir nach fünf Jahren Krieg wohlvertraut waren: deutsche Soldaten – unsere!

Ich war vor Schreck wie gelähmt. Trotz meiner Jugend kannte ich das Gesetz: Wer feindliche Soldaten beherbergt, begeht Landesverrat. Wir konnten alle erschossen werden! Mutter hatte auch Angst. Ihr Gesicht war weiß, aber sie trat hinaus und sagte ruhig: »Fröhliche Weihnachten!« Die Soldaten wünschten ihr ebenfalls eine frohe Weihnacht.

»Wir haben unsere Einheit verloren und möchten gern bis Tagesanbruch warten«, erklärte der Anführer, ein Unteroffizier. »Können wir bei Ihnen bleiben?«

»Natürlich«, erwiderte Mutter mit der Ruhe der Verzweiflung. »Sie können auch eine gute, warme Mahlzeit haben und essen, solange etwas da ist.«

Die Soldaten lächelten, vergnügt den Duft schnuppernd, der ihnen durch die halboffene Tür entgegenschlug. »Aber«, fuhr Mutter energisch fort, »wir haben noch drei Gäste hier, die Sie vielleicht nicht als Freunde ansehen werden.« Ihre Stimme war mit einem mal so streng, wie ich sie noch nie gehört hatte. »Heute ist Heiliger Abend, und hier wird nicht geschossen.«

»Wer ist drin?«, fragte der Unteroffizier barsch, »Amerikaner?«

Mutter sah jedem einzelnen in das frosterstarrte Gesicht. »Hört mal«, sagte sie langsam. »Ihr könntet meine Söhne sein, und die da drin auch. Einer von ihnen ist verwundet und ringt um sein Leben. Und seine beiden Kameraden: verirrt und hungrig und müde wie ihr. In dieser Nacht«, sie sprach jetzt zu dem Unteroffizier und hob die Stimme, »in dieser Heiligen Nacht denken wir nicht an Töten!«

Der Unteroffizier starrte sie an. Für zwei, drei endlose Sekunden herrschte Schweigen. Dann machte Mutter der Ungewissheit ein Ende. »Genug geredet!«, sagte sie und klatschte in die Hände. »Legen Sie Ihre Waffen da auf das Holz – und machen Sie schnell, sonst essen die anderen alles auf.«

Die vier Soldaten legten wie benommen ihre Waffen auf die Kiste mit Feuerholz im Gang: zwei Pistolen, drei Karabiner, ein leichtes MG und zwei Panzerfäuste. Mutter sprach indessen hastig mit Jim auf Französisch. Er sagte etwas auf Englisch, und ich sah verwundert, wie auch die Amerikaner Mutter ihre Waffen gaben.

Als nun die Deutschen und die Amerikaner Schulter an Schulter verlegen in der kleinen Stube standen, war Mutter in ihrem Element. Lächelnd suchte sie für jeden einen Sitzplatz. Wir hatten nur drei Stühle, aber Mutters Bett war groß. Dorthin setzte sie zwei der später Gekommenen neben Jim und Robin.

Dann machte sie sich, ohne von der gespannten Atmosphäre Notiz zu nehmen, wieder ans Kochen. Aber Hermann wurde ja nun nicht mehr größer, und wir hatten vier Esser mehr. »Rasch«, flüsterte sie mir zu, »hole noch ein paar Kartoffeln und etwas Haferflocken. Die Jungen haben Hunger, und wenn einem der Magen knurrt, ist man reizbar.«

Während ich die Vorratskammer plünderte, hörte ich Harry stöhnen. Als ich zurückkam, hatte einer der Deutschen eine Brille aufgesetzt und beugte sich über die Wunde des Amerikaners. »Sind Sie Sanitäter?«, fragte Mutter. »Nein«, erwiderte er, »aber ich habe bis vor wenigen Monaten in Heidelberg Medizin studiert.« Dann erklärte er den Amerikanern in, wie mir schien, recht fließendem Englisch, Harrys Wunde sei dank der Kälte nicht infiziert. »Er hat nur sehr viel Blut verloren«, sagte er zu Mutter. »Er braucht jetzt einfach Ruhe und kräftiges Essen.«

Der Druck begann zu weichen. Selbst mir kamen die Soldaten, als sie so nebeneinander saßen, alle noch sehr jung vor. Heinz und Willi, beide aus Köln, waren sechzehn. Der Unteroffizier war mit seinen Dreiundzwanzig der älteste. Er brachte aus seinem Brotbeutel eine Flasche Rotwein zum Vorschein, und Heinz fand einen Laib Schwarzbrot, den Mutter in Scheiben schnitt. Sie sollten zum Essen auf den Tisch kommen. Von dem Wein aber stellte sie einen Rest beiseite. »Für den Verwundeten.«

Dann sprach Mutter das Tischgebet. Ich sah, dass sie Tränen in den Augen hatte, als sie die vertrauten Worte sprach: »Komm, Herr Jesus, sei unser Gast …« Und als ich mich in der Tischrunde umsah, waren auch die Augen der kriegsmüden Soldaten feucht. Sie waren wieder Buben, die einen aus Amerika, die anderen aus Deutschland, alle fern von zu Haus.

Gegen Mitternacht ging Mutter zur Tür und forderte uns auf, mitzukommen und den Stern von Bethlehem anzusehen. Bis auf Harry, der friedlich schlief, standen wir alle neben ihr, und für jeden war in diesem Augenblick der Stille und im Anblick des Sirius, des hellsten Sterns am Himmel, der Krieg sehr fern und fast vergessen.

Unser privater Waffenstillstand hielt auch am nächsten Morgen an. Harry erwachte, verschlafen brummelnd, in den letzten Nachtstunden, und Mutter flößte ihm etwas Brühe ein. Bei Tagesanbruch war er dann sichtlich kräftiger. Mutter quirlte ihm aus unserem einzigen Ei, dem Rest Rotwein und etwas Zucker einen stärkenden Trunk. Wir anderen aßen Haferflocken. Dann wurde aus zwei Stöcken und Mutters bestem Tischtuch eine Tragbahre für Harry gemacht.

Der Unteroffizier zeigte den Amerikanern, über Jims Karte gebeugt, wie sie zu ihrer Truppe zurückfinden konnten. In diesem Stadium des Bewegungskrieges erwiesen sich die Deutschen als überraschend gut informiert. Er legte den Finger auf einen Bach. »Da geht ihr lang«, sagte er. »Am Oberlauf trefft ihr auf die Erste Armee, die sich dort neu formiert.« Der Mediziner übersetzte alles ins Englische.

»Weshalb nicht nach Monschau?«, fragte Jim. »Um Himmels willen, nein!« rief der Unteroffizier. »Monschau haben wir wieder genommen.«

Mutter gab nun allen ihre Waffen zurück. »Seid vorsichtig, Jungens«, sagte sie. »Ich wünsche mir, dass ihr eines Tages dahin zurückkehrt, wo ihr hingehört, nach Hause. Gott beschütze euch alle!« Die Deutschen und die Amerikaner gaben einander die Hand, und wir sahen ihnen nach, bis sie in entgegengesetzter Richtung verschwunden waren.

Als ich wieder ins Haus trat, hatte Mutter die alte Familienbibel hervorgeholt. Ich sah ihr über die Schulter. Das Buch war bei der Weihnachtsgeschichte aufgeschlagen, bei dem Bericht von der Geburt in der Krippe und den drei Weisen, die von weither kamen, um ihre Geschenke darzubringen. Ihr Finger glitt über die Zeile: »… und sie zogen über einen anderen Weg wieder in ihr Land.«

Rezept für *Zimtsterne*

Schwaben vereinnahmen die Zimtsterne gern als ihr ganz eigenes Kulturgut. Das mag seine Berechtigung haben oder auch nicht, Fakt ist, dass Zimtsterne erstens ganz allgemein in Deutschland zur Weihnachtszeit gehören, zweitens in der Zubereitung eher anspruchsvoll sind und Geduld erfordern und dass es drittens unglaublich viele Rezept-Varianten gibt. Die Bandbreite reicht von dunklem, zimtwürzigem Teig mit heller Zuckerglasur bis zu einem reinen Eiweiß-mit-Mandel- und/oder Haselnuss-Gebäck mit Baiserhaube. Hier ein puristisches Rezept aus dem alemannischen Süden Deutschlands, mit Kirschwasser.

3 Eiweiß sehr steif schlagen, *450 g gesiebten Puderzucker* mehr unterziehen als unterrühren. Von dieser Masse 3 gehäufte El für die Glasur beiseitestellen. Den Rest mit *500 g abgezogenen, sehr fein geriebenen Mandeln, 1 El Zimt* und *2 El Kirschwasser* zu einem relativ festen Teig vermengen. Auf Zucker knapp 1 cm dick ausrollen, Sterne ausstechen (je kleiner, desto feiner …) und mit der Glasur bestreichen. An einem warmen Ort über Nacht trocknen lassen, dann im vorgeheizten Ofen bei 220°C 5 Min. mehr trocknen als backen – sie sollen weiß bleiben!

O Tannenbaum, o Tannenbaum ...

Der Brauch, sich in der dunklen Jahreszeit Wintergrün wie Efeu, Mistel oder Buchs ins Haus zu holen, ist uralt. Früher waren die Zweige aber nicht nur Schmuck, sondern auch Zauberpflanzen. Mit ihrer Hilfe wurden Dämonen abgewehrt, die im Dezemberdunkel der Wintersonnwende besonders umtriebig waren. Denken Sie an die magischen Mistelzweige, die in angelsächsischen Ländern noch heute über die Tür gehängt werden – um das Haus zu beschützen!

1419 wird zum allerersten Mal ein Weihnachtsbaum erwähnt. Es heißt, die mit Äpfeln und Lebkuchen geschmückte Tanne habe in einem Freiburger Spital gestanden. Üblicher war es, solche Bäume im Freien aufzustellen, in Anlehnung an die Maibäume hießen sie Winter- oder Weihnachtsmaien. Am Ende des sechzehnten Jahrhunderts gab es im elsässischen Turckheim einen mit »gefärbt Papier, Äpfel, Faden und Backwerk« geschmückten »Weynachtsbaum«, wenige Jahre später stellte man ihn in Straßburg »in den stuben« auf: »Auff Weihenachten richtett man Dannenbäum zu Straszburg in den stuben auff daran hencket man roszen aus vielfarbigem papier geschnitten, Aepfel, Oblaten, Zischgold, Zucker etc. Man pflegt darum ein viereckent ramen zu machen …«

In Adelskreisen hatte man begonnen, einen Buchsbaum auf den Tisch zu stellen und mit kleinen Kerzen zu schmücken. Der erste kerzenbesteckte Tannenbaum soll 1611 in Breslau im Schloss der Herzogin Dorothea Sybille von Schlesien gestanden haben. Danach sollte es noch ganze zweihundert Jahre dauern, bis es üblich wurde, in der Stube einen geschmückten Weihnachtsbaum aufzustellen. Auch dabei machten Adelige und wohlhabende Bürgerfamilien den Anfang, zunächst ausschließlich Protestanten. Der traditionelle Mittelpunkt des katholischen Weihnachtszimmers war die Krippe, an der die katholischen Familien noch lange festhielten; den Weihnachtsbaum verdammten sie als Fortführung heidnischer Immergrün-Bräuche! Und vielleicht lag es ja wirklich an einer Rückbesinnung darauf, dass der Weihnachtsbaum anfangs, übrigens vor allem in Ostdeutschland, von der Stubendecke baumelte.

Auch die konservativere Landbevölkerung übernahm den Baum nur zögernd. Zu Beginn des zwanzigsten Jahrhunderts setzte er sich endgültig durch, was, wie so oft, auch mit Geld zu tun hatte: Während man in waldreichen Gegenden zur Not eine Tanne »holen« konnte, waren Bäume in der Großstadt rar und somit teuer. Die Berliner erwärmten sich erst ab 1850 für den Weihnachtsbaum. In dem Jahr wurde nämlich eine Eisenbahnlinie aus Thüringen eröffnet, und von da an konnten billige Tannen von dort zum Verkauf nach Berlin gebracht werden.

Nur fünfzig Jahre zuvor hatte in Thüringen und an vielen anderen Orten nicht nur das »Holen« von Weihnachtsbäumen unter Strafe gestanden (das ist ja immer noch so), sondern auch ihr Verkauf. 1787 verlangte der Weimarer Oberförster die Ausrottung dieser »Barbarei«, 1800 erreichte er ein Verbot. Aber er hatte in Johann Wolfgang von Goethe einen einflussreichen Gegner, der letztlich den Sieg davontrug, als es ihm gelang, den Weihnachtsbaum am Hof von Weimar einzuführen. Goethe war nämlich ein enthusiastischer Weihnachtsbaumliebhaber, seit er – angeblich 1770 als gut Zwanzigjähriger in Straßburg – zum ersten Mal einen gesehen hatte. Vier Jahre danach schwärmte er in seinem Roman *Die Leiden des jungen Werther,* man werde durch »die unerwartete Öffnung der Tür und die Erscheinung eines aufgeputzten Baumes mit Wachslichtern, Zuckerwerk und Äpfeln in paradiesische Entzückung« versetzt. Noch 1822, mit über siebzig, bejubelte er in einem Gedicht »das aufgeputzte Bäumchen«.

Der geschmückte, kerzenbesteckte Nadelbaum eroberte nach und nach die Privathäuser und Wohnungen, und das war ein wichtiger Schritt hin zu dem Weihnachten, wie wir es heute kennen. Jahr für Jahr schleppen die Deutschen im November und Dezember knapp dreißig Millionen Tannenbäume nach Hause. Hinzu kommen jene, die im Schutze der Dunkelheit aus dem Wald »geholt« werden. Unkaputtbare Aluminium- oder Plastikbäume, die alle Jahre wieder aus der Schachtel gezogen und aufgestellt werden, gehen zumindest in diesem Buch nicht als Weihnachtsbäume durch.

Zu einem »typisch deutschen Weihnachtsfest« gehört allerdings nicht nur der Weihnachtsbaum, sondern auch die Heiligabendbescherung, die – im Abschnitt über die Nikolausfeier wurde es schon erwähnt – eine Idee von Martin Luther war. Diese Idee setzte sich aber erst mit dem Siegeszug des Weihnachtsbaums allgemein durch. Er war mit seiner festlichen Pracht der Höhepunkt der Advents- und Weihnachtszeit, und so war es vermutlich zwingend, dass er auch zur Kulisse des Schenkens wurde. Das typisch deutsche Weihnachtsfest ist also im Grunde ein typisch protestantisches Weihnachtsfest – das dürfte sogar manchen strengen Katholiken erstaunen!

Um 1850 brachte Prinz Albert (eigentlich: Prinz Franz August Carl Albrecht Emanuel von Sachsen-Coburg und Gotha, Herzog zu Sachsen), der deutsche Gemahl von Königin Viktoria, den Weihnachtsbaum nach England; wenig später hievte eine amerikanische Redakteurin ein Bild von Viktoria und Albert vor ihrem geschmückten Baum auf die Titelseite einer amerikanischen Frauenzeitschrift, und von da an gab es kein Halten mehr …

Der Weihnachtsbaum ist mit Sicherheit der erfolgreichste deutsche »Exportartikel« aller Zeiten. Er wurde weltweit zum Symbol für Weihnachten, nimmt aber rund um den Globus viele Formen an: An dem einen Ende der Prächtigkeitsskala steht die atemberaubende Norwegische Fichte, die – mindestens fünfundzwanzig Meter hoch und mit 30000 Lämpchen geschmückt – jedes Jahr am Rockefeller Center in New York aufgestellt wird. Am anderen Ende befinden sich beispielsweise Plastikweihnachtsbäumchen in Tokioter Geschäften. Zieht man sie auf, blinken sie ein paar Minuten lang grellbunt, verrenken sich wild und quieken etwas, das vage an *Stille Nacht, heilige Nacht* erinnert.

Carmen Blazejewski

Weihnachten wohnt im Fliegenschrank

Als ich ein Kind war, wohnte Weihnachten im Fliegenschrank. Der Fliegenschrank gehörte Großmutter und Großvater. Ja, so sagten wir. Wir sagten nicht »Oma« und »Opa« wie die anderen Kinder. Die Omas und Opas lebten mit uns allen im Dorf, Großmutter und Großvater dagegen am Wald in dem alten Forsthaus.

Im Forsthaus gab es eine große Diele, und dort, oben auf dem Garderobenschrank, stand der Fliegenschrank. Eigentlich sah er kein bißchen besonders aus: klein und grau, aus rohen Brettern gezimmert, vorn statt einer Tür das Fliegengitter. Zu gern wären die Fliegen in das Schränkchen eingedrungen. Sie schwirrten und brummten, aber durch das feine Netzgitter paßten sie nicht. Es war der Duft von Weihnachten, der sie lockte.

Ich konnte das Weihnachtsfest nie erwarten. Und in meiner Ungeduld fürchtete ich manchmal, es würde womöglich ausfallen. Dann schaute ich schnell hinauf zum Fliegenschrank und schaute und schaute – bis Großmutter kam, die Schürze vorm Bauch zusammengerafft, und mich wegscheuchte. Sie stieg auf einen Stuhl, öffnete den Fliegenschrank und griff in ihre Schürze. Es knisterte.

So knisterten nur die Tüten mit Feigen und Datteln drin, mit Schokoladenzapfen und Schokoladenweihnachtsmännern. Das erkannte ich sofort, obwohl Großmutter mir nicht erlaubte, die Knistertüten zu sehen. Sie steckte sie in den Fliegenschrank und hakte die Fliegengittertür wieder zu. Aber ich wußte jetzt: Es wird bestimmt wieder Weihnachten werden.

Onkel Robert hatte die Knistertüten geschickt. Er war Mutters ältester Bruder. Ich kannte ihn nur in Gestalt seiner Pakete. Ihn selbst hatte ich noch nie gesehen.

Onkel Robert war nämlich in den Westen abgehauen. Bei Nacht und Nebel über die Grenze. Das hatte mir Großmutter einmal erzählt. Großmutter und Großvater und Mutter und Vater und überhaupt alle hatten sich furchtbar gesorgt, aber Onkel Robert wollte unbedingt reisen, in die weite Welt hinaus. Das war sein größter Wunsch von Kindheit an.

Mein größter Wunsch war das auch! Sobald ich groß genug und mit der Schule fertig war, wollte ich in die weite Welt hinaus. Wie Onkel Robert.

Aber da sagte Großmutter, daß nichts daraus werden würde, weil wir im Osten wohnten. Alle Menschen, die im Osten wohnten, mußten auch im Osten bleiben, ob sie wollten oder nicht. Darum gab es die Grenze, die den Osten vom Westen trennte. Die Grenze wurde von Soldaten bewacht, die auf jeden schossen, der sich rüberwagte.

Auch auf Onkel Robert hatten sie damals geschossen. Gottlob war er ihnen entwischt. »Gottlob«, sagte Großmutter jedesmal, wenn sie von Onkel Robert sprach. Aber was sollte aus mir werden, wenn ich nicht in die große weite Welt hinaus durfte?

Ich konnte mir nichts vorstellen, was sonst Spaß machen würde, wofür es sich lohnen sollte, erwachsen zu werden – rein gar nichts.

Heiligabend versammelten sich die Kinder von Großmutter und Großvater im Forsthaus.

Meine Großeltern hatten viele Kinder, und die hatten selber schon wieder Kinder, und ich hatte derart viele Tanten und Onkel, Nichten und Neffen, daß ich, sooft wir im Forsthaus Weihnachten feierten, es nie schaffte, sie zu zählen.

Darum versteckte ich mich gern hinter der hohen Standuhr in der Diele, um mir jeden, der ankam, zu merken und dabei nicht gestört zu werden. Aber ich gab jedesmal auf. Das Durcheinander war einfach zu groß. Umarmungen, lautes Erzählen, Angeln nach Kleiderbügeln, Babygeschrei und das Rufen von Kindern, die mich suchten. Außerdem erkannte ich ohnehin auf einen Blick, wenn alle da waren. Ich wußte, wie es dann in der Diele aussehen mußte. Dieses Bild hatte ich mir von Weihnachtsfest zu Weihnachtsfest eingeprägt.

Ich hätte auch sofort gemerkt, wenn Onkel Robert gekommen wäre. Aber er kam sowieso nicht. Er wollte die große weite Welt nicht wegen uns im Forsthaus verlassen.

Je länger ich hinter der Standuhr die Weihnachtsaufregung in der Diele beobachtete, desto weniger konnte ich Onkel Robert verstehen. Die große weite Welt war bestimmt wunderschön, aber etwas Schöneres als Weihnachten im Forsthaus konnte es nicht geben.

Nach und nach leerte sich die Diele. Die vielen Kinder und Enkelkinder versammelten sich zum Nachmittagskaffee.

Und dann, ich glaube, an jenem Weihnachtsabend war ich acht Jahre alt, geschah etwas Besonderes: Ich kam gerade aus meinem Versteck hinter der Standuhr und wollte ins Eßzimmer gehen, als Großvater mich an der Schulter festhielt.

Mit ernstem Gesicht forderte er mich auf, die Tür zum Eßzimmer zu schließen und selbst bei ihm in der Diele zu bleiben.

Eigentlich ist Großvaters Gesicht immer ernst, dachte ich, sogar wenn er lacht. Und was er sagt, ist immer wichtig. Darum gehorchte ich auch wie immer sofort.

Großvater baute die Treppenleiter auf und rief mich zu sich. Ich konnte es gar nicht glauben: Ich durfte zum Fliegenschrank hinaufsteigen!

Großvater hielt die Leiter fest, damit sie nicht wackelte. Ich nahm eine Treppenstufe nach der anderen und konnte es immer noch nicht glauben. Und dann stand ich vor dem Fliegenschrank.

Ich roch den Duft, bevor ich die Tür geöffnet hatte. Er drang durch das Fliegengitter, und ich wußte: Es ist der Duft von Weihnachten. Nichts anderes roch so gut! Vor Aufregung fand ich den kleinen Haken nicht. Aber dann fühlte ich ihn zwischen Daumen und Zeigefinger und öffnete die Fliegengittertür.

Großvater reichte mir einen Korb. In der anderen Hand hielt er noch mehr Körbe. Wenn sie gefüllt waren, würde Großvater sie in die gute Stube bringen und unter den Weihnachtsbaum stellen, für jede Familie einen Korb.

Ich langte in den Fliegenschrank. Onkel Roberts Tüten knisterten. Zum ersten Mal knisterten sie in meiner Hand.

Ich verteilte Weihnachtsmänner und Schokoladenzapfen, Feigen und Datteln. Im obersten Fach lagen die Apfelsinen gelb und rund nebeneinander. Ich hielt mir eine an die Nase.

Diesen aromatischen, frischen, süßherben, kitzligen Duft – den roch ich nur einmal im Jahr. Ja, heute war Weihnachten!

Ich warf die Apfelsine in die Luft, fing sie wieder auf und legte sie in den Korb.

Woher Onkel Robert wohl die Apfelsinen hatte? In Geschäften bei uns konnte man sie jedenfalls nicht kaufen. Noch nie hatte ich welche hinterm Schaufenster oder Ladentisch gesehen. War Onkel Robert etwa bis Afrika gereist und hatte die Apfelsinen dort für uns gepflückt?

Dann war das Paket also aus Afrika gekommen! Mit dem Flugzeug. Oder einem Schiff.

Ich füllte auch den zweiten Korb, den mir Großvater hinhielt, und den nächsten und den nächsten …

Plötzlich fand ich nichts mehr im Fliegenschrank. Es war alles verteilt. Und ich hatte gar nicht richtig aufgepaßt. Ich hatte nur die ganze Zeit gedacht: Wenn ich groß bin, will ich auch nach Afrika …

Vorsichtig kletterte ich die Treppenleiter runter. Bevor ich hinüber ins Eßzimmer zu den anderen ging, guckte ich mir den Fliegenschrank genau an.

Er sah aus wie immer.

Und doch hatte ich gerade erkannt, daß der Geruch von Weihnachten zugleich der Geruch der großen weiten Welt war. Und daß im Fliegenschrank nicht nur Weihnachten wohnte, sondern auch das Versprechen, daß ein Mensch es schaffen konnte, trotz Grenze und Soldaten in die weite Welt hinauszuziehen. Das mußte möglich sein, so gewiß, wie im Forsthaus jedes Jahr, wenn der Fliegenschrank geöffnet wurde, Weihnachten war.

Ich feierte danach noch vier-, fünf-, sechs-, siebenmal Weihnachten im Forsthaus.

Ich war sechzehn und beinahe mit der Schule fertig und immer noch nicht in der großen weiten Welt gewesen, da feierten wir das letzte Mal mit Großmutter und Großvater, bevor sie in die weite Welt hinauszogen, nämlich zu Onkel Robert. Nur daß Onkel Robert nie in Afrika gewesen war, wie ich längst wußte, sondern in München wohnte. In München konnte er jederzeit in den Geschäften Apfelsinen kaufen.

Es hatte geschneit. Früher schneite es – genau wie die alten Lieder sagen – jedes Weihnachten. Der Umzugswagen war gepackt, ein schwerer LKW, und das Forsthaus stand leer. Langsam, schwankend fuhr der Laster los. Ich sah, wie seine Räder tiefer und tiefer im Schnee versanken, und dann, mitten auf dem Berg, neigte sich der Laster zur Seite und blieb stecken.

Wie ich wollte der Berg die Großeltern nicht fortlassen. Großvater lief hinunter ins Dorf, eine Zugmaschine holen. Vater schippte die Räder frei.

Die Zugmaschine brachte den Lastwagen zu der breiten Straße, die beim Dorf beginnt.

Durch die entlaubten Baumkronen konnte ich beobachten, wie der Laster in die weite Welt davonfuhr.

Vor mir aber, am Berghang, lag mitten im Schnee der Fliegenschrank.

Keiner hatte bemerkt, wie er vom Lastwagen heruntergefallen und zurückgeblieben war.

Und weil der Fliegenschrank leer und leicht war, packte ich ihn und nahm ihn mit.

Das erste Paket von Großmutter und Großvater holte Vater vom Postamt, als wieder Weihnachten war. Er stellte es auf den Wohnzimmertisch, und gemeinsam öffneten wir es.

Manche Pakete wurden von Zollbeamten oder Angestellten der Post ausgeraubt. Damit wir überprüfen konnten, ob noch alles drin war, was Großmutter und Großvater hineingelegt hatten, lag obenauf ein Zettel.

»Geschenksendung, keine Handelsware«, stand mit

einem Ausrufezeichen in der ersten Zeile. Und darunter: Weihnachtsmänner – vier, Schokoladenzapfen – zehn; Apfelsinen – sechs ...

Als ich Großvaters ernste, wichtige Handschrift sah, roch ich plötzlich wieder den Geruch der kalten, stets etwas feuchten Diele. Ich roch Großvaters Lodenmantel, seine Schreibtischschublade und den Pfeifenrauch. Ich roch das Entenfutter in der Schüssel und die Kernseife am Ausguß. Und dann roch ich Großmutters Schürze, die auch nach Diele und Pfeifenrauch und Entenfutter und Kernseife roch und außerdem nach Großmutters Bratensoße und nach Großmutters Pflaumenkuchen und überhaupt: In Großmutters Schürze waren sowieso alle Gerüche drin. Meine Nase erinnerte sich, oft genug hatte ich sie in diese Schürze über dem runden, weichen Bauch gedrückt. Zum Weinen. Zum Trösten. Zum Zärtlichkeitsuchen. Zum Ausruhn.

Mutter und Vater steckten den Kopf in das Paket. Sie atmeten tief durch und seufzten.

Ich roch es auch. Der Duft der großen weiten Welt war im Paket drin. Nicht aber der Duft von Großmutter und Großvater.

Ich lief aus dem Zimmer, über den Flur, durch die Küche in die Speisekammer. Dort stand der Fliegenschrank. Immer noch leer. Zum ersten Mal, seit Großmutter und Großvater fort waren, fühlte ich wieder den kleinen Haken zwischen Daumen und Zeigefinger, und ich war aufgeregt wie beim ersten Mal, als ich die Fliegengittertür öffnete.

Ich steckte den Kopf tief in den Fliegenschrank hinein. Ich atmete. Ich schnupperte. Ich schnüffelte.

Auch im Fliegenschrank war der Duft von Großmutter und Großvater nicht drin. Er war mit ihnen in die weite Welt davongezogen.

Die Tür vom Fliegenschrank blieb offen.

Ich lief aus dem Haus, durchs Dorf, immer weiter, bis ich zwischen den Baumstämmen das alte Forsthaus schimmern sah.

Noch bevor ich dort ankam, legte ich mich auf die nasse braune Erde.

Ich weinte, weil ich die große weite Welt niemals sehen würde und weil Weihnachten für immer aus dem Fliegenschrank ausgezogen war.

Lotte Tiedemann

Zu Weihnachten eine Giraffe

Hummelchen sagte zu ihren Eltern: »Ich habe mir was vom Christkind gewünscht, ich bete jeden Abend, dass ich es kriege!«

»So? Was denn?«, fragten belustigt die Eltern.

»Eine Giraffe. Ich kriege sie, weil ich nicht mehr lügen tu und den Martin von der Schnellgaststätte nie mehr verhaue! Das Christkind bringt sie mir bestimmt.«

»Meinst du eine Giraffe aus Holz oder Stoff?«, fragte der Vater lächelnd.

»Nee«, rief Hummelchen, »so eine doch nicht, eine richtige, eine lebendige wie im Zoo. Sooo groß.« Und Hummelchen streckte beide Ärmchen hoch, um zu zeigen, wie groß.

»Aber Hummelchen, das ist doch ausgeschlossen, eine lebendige Giraffe in unserer kleinen Wohnung, das geht doch nicht. Wo soll das Tier denn wohnen?«

»Im Hof«, beteuerte Hummelchen. »Das Christkind baut einen Stall, das Christkind kann alles, das kann viel mehr als ihr. Ich will auch sonst gar nix, keine neue Perücke für meine Amanda, ich will nur die Giraffe, die große, lebendige! Ich bete nicht nur zum Christkind, ich bete auch jeden Abend zum lieben Gott! Die zwei, die können das doch?«

Ratlos sahen sich die Eltern an. Die Mutter machte dem Vater leise Vorwürfe, sie sei immer dagegen gewesen, das Kind so unreal zu erziehen, aber der Vater meinte, nichts gehe über den Zauber solchen Kinderglaubens.

»Dann sieh jetzt, wie du fertig wirst«, entgegnete die Mutter.

Der Vater versuchte es von der Puppenstube bis zum Kasperltheater, alles hätte er gekauft, wenn nur Hummelchen von diesem wahnwitzigen Gedanken abzubringen gewesen wäre.

Aber es war hoffnungslos. Immer wieder beteuerte sie: »Nur eine Giraffe, eine lebendige, sonst nichts, das Christkind weiß das schon.«

»Aber Kind, wer soll sie denn füttern?«

»Du, Vati, du kannst das doch, das Christkind schenkt das Heu mit!«

»Ich habe doch keine Zeit!«

»So viel Zeit hast du«, meinte Hummelchen und ließ sich durch nichts beirren. »Das Christkind kann mehr als du und die Mutti. Es fliegt in die Wüste und holt mir die Giraffe, die große, lebendige, ich heiße sie Karoline! Ich freue mich!« Das Kind strahlte förmlich von innen.

Eine Giraffe in einer Zwei-Zimmer-Wohnung, wo höchstens ein Goldfisch Platz fand, es war zu lächerlich. Der Vater war ganz verzweifelt. Pläne wurden überlegt und wieder verworfen. Schließlich kam dem

Vater ein Gedanke. Er setzte sich mit der Zoodirektion in Verbindung und gab allerlei Geschenke an die Wärter.

Dann, früh am Heiligen Abend, zog er sein Hummelchen an und ging mit ihr zum Zoologischen Garten in Frankfurt. Das Tor wurde extra geöffnet und vorbei am Raubtierhaus ging es zum Giraffenstall. Dort brannte ein kleiner Lichterbaum und am Gitter hing ein großes Schild, darauf stand zu lesen: »Diese Giraffe gehört dem kleinen Hummelchen!«

Ferner gab es einen blassblauen Brief mit Sternchen beklebt, vom Christkind, darin hieß es: »Diese Giraffe muss bei ihrem Pfleger bleiben. Der Vater hat zu wenig Zeit, und die Giraffe bekommt sonst Heimweh!«

In dem Brief lag eine Dauerkarte für den Zoo, die Hummelchen täglich benutzen konnte.

Als der Vater ihr alles erklärt und vorgelesen hatte und die Giraffe mit ihrem herrlichen Hals langsam auf und ab ging, faltete Hummelchen ihre rundlichen Händchen und sagte laut: »Lieber Gott und liebes Christkind, ich danke euch für die Giraffe, die große, lebendige! Amen.« Und dann rief sie dem Vater zu: »Siehst du, ich hab's ja gesagt, dass das Christkind alles kann!«, während der Vater sich mit seiner beschlagenen Brille zu schaffen machte.

Überraschende Weihnachtsgäste: Adam und Eva

Auf den nordfriesischen Inseln und Halligen wachsen keine Bäume; Tannen per Schiff vom Festland zu holen ist so teuer, dass sich das lange Zeit kaum jemand leisten konnte. Daher mussten sich die Friesen ihren Festbaum jahrhundertelang selbst zimmern. Es entstanden Holzgestelle mit eingeflochtenem Buchsbaumkranz, auf Sylt heißen sie *Jöölboom*, auf Föhr *Kenkenbuum*. *Jööl* hat die gleiche Wurzel wie das skandinavische Wort für Weihnachten *Jul*, *Kenken* heißt Kindchen, gemeint ist natürlich das Jesuskind.

In die Gestelle werden Salzteigfiguren gehängt, und zwar nicht irgendwelche: ein Schwein, eine Kuh, ein Schaf, ein Pferd, ein Hahn, ein Fisch sowie ein Segelschiff und eine Mühle. Jede Figur symbolisiert etwas: Schiff und Mühle natürlich Seefahrt und Ackerbau, die Tiere verweisen auf germanische Gottheiten – das Pferd auf Wotan (oder Odin), der Ziegenbock auf Donar (oder Thor), das Schwein auf die Göttin Freya. So viel Heidnisches will nicht recht zu einem christlichen Fest passen, daher wurde beherzt umgedeutet: So wurde zum Beispiel das Pferd zum Sinnbild für die Kraft und der Ziegenbock für die Fruchtbarkeit. Am Fuß des Gestells, neben einem Salzteig-Baum, stehen ein Mann und eine Frau, die in diesem Fall keinen weiteren Hinweis auf die Fruchtbarkeit darstellen, wie man vermuten könnte, denn bei diesem Paar handelt es sich fraglos um Adam und Eva, aus dem Baum ringelt sich sogar die Schlange! Die drei passen zwar auch nicht so recht zu Weihnachten, stammen aber wenigstens aus der Bibel. Der Grund für dieses auffallende Arrangement ist, dass ausgerechnet der 24. Dezember, der letzte Tag im Advent und unser wunderbarer Heiligabend, im Heiligenkalender Adam und Eva zugeordnet ist.

Das zeigt, wie alt der Brauch ist: Die nordfriesischen Inseln gehören schon seit der Mitte des sechzehnten Jahrhunderts dem evangelisch-lutherischen Glauben an. Es bedeutet auch, dass *Jöölboom* und *Kenkenbuum* vermutlich seit jeher mehr waren als »nur« ein Ersatz für die unerschwingliche Tanne.

Erinnern Sie sich an das Klausen- und Bärbeletreiben im Allgäu? Die Traditionen der Umzüge im äußersten Süden Deutschlands und des Jöölbooms im äußersten Norden könnten kaum verschiedener sein, und doch haben sie einiges gemeinsam. In ihnen sind heidnische Dezemberbräuche erhalten geblieben. Den Lärm, der zur Dämonenaustreibung und den Nikolausumzügen gehörte, machen wir heute zu Silvester. Die Jöölboom-Tiere erinnern an heidnische Opfertiere, aber auch unser glücksbringendes Marzipanschwein zu Silvester verweist auf die Göttin Freya.

Und noch etwas verbindet die Traditionen des Klausen- und Bärbeletreibens und des Jöölbooms: Sie waren nahezu in Vergessenheit geraten, als man sich im Allgäu wie in Friesland auf die eigene Geschichte und die eigenen Bräuche besann und daran ging, sie wiederzubeleben.

Zahllose andere alte Traditionen aber sind mit der Lebensweise untergegangen, zu der sie gehörten. Nur wenige Bauern haben noch Pferde und Kühe im Stall, denen sie an Heiligabend die traditionellen Leckerbissen zukommen lassen können. Nur wenige ledige Frauen können und wollen am Heiligabend, wie sie es in Schlesien, im Fichtelgebirge und an vielen anderen Orten taten, zu einem Hühnerstall laufen und dort dreimal an dessen Wand klopfen, weil sie hofften, so einen Blick ins kommende Jahr werfen zu können: Gackerte ein Huhn, blieben sie ledig, krähte der Hahn, stand die Hochzeit vor der Tür.

Christoph Peters

Mein einziger Pölter

Meine Großmutter war damals schon krank auf den Tod. Sie kam, wie jedes Jahr, am zweiten Weihnachtstag zu uns, um mir mein Geschenk zu bringen. Den Heiligen Abend verbrachte sie immer mit der Familie ihres jüngeren Sohnes auf dem Hof. Sie lebte dort seit ihrer Hochzeit, 1927, und hatte noch nie Urlaub gemacht. Ich fürchtete ihren Geruch aus Kuhstall und Medikamenten und ließ mich nur widerwillig küssen. Als ihrem Patenkind stand mir aber ein besonders schönes Geschenk zu, deshalb freute ich mich doch und war sehr gespannt, was sie ausgesucht hatte. Ich liebte meine Großmutter, obwohl ich nicht wußte, was und wie ich mit ihr reden sollte. Sie sprach eine Mischung aus Deutsch und Platt, weshalb ihr Deutsch falsch und voll komischer Wörter war, die ich nicht mochte. Als sie mir das Päckchen gab, sagte sie »minne leewe Jong«. Ich lächelte, obwohl es eine Enttäuschung versprach. Das Geschenkpapier war zerknittert und einfarbig grün, und es fühlte sich an wie ein Oberhemd. Ich wußte, daß sie auf dem Hof arm und rückständig waren, ganz anders als wir in unserem schönen neuen Haus mit den schicken Möbeln – wahrscheinlich konnten sie sich einfach kein glänzendes Papier mit Bären oder Segelschiffen leisten. Das Päckchen war ein Schlafanzug.

»Eck doch, enen *Pölter,* koch jey ömma gebrucke«, sagte sie.

Das Wort *Pölter* ekelte mich.

»Oh, ein richtiger Pyjama«, sagte meine Mutter, »wie schön.« Ich kannte das Gesicht meiner Mutter gut und sah, daß sie den Pyjama genauso scheußlich fand wie ich: Er war rot-schwarz-grau gestreift, aus gestärktem, glänzendem Satin, mit Kragen und Knopfleiste am Oberteil. Sogar die Hose mußte man knöpfen. In unserer Familie zog man schon lange keine *Pölter* oder *Pyjamas* mehr an, sondern *Frotteeschlafanzüge* mit Blumenmuster und Gummizügen an Bund, Armen und Beinen. Wir trugen ja auch keine Holzschuhe mehr. Meine Großmutter trug Holzschuhe, die *Klompen* hießen. Ich schämte mich so für sie, daß ich unter den Tisch kroch, damit sie nicht merkte, wie ich über sie weinte. Vor allem weinte ich aber darüber, daß ich die Freude, die sie mir hatte machen wollen, nirgends fand.

Im darauffolgenden Sommer ist sie gestorben.

Als meine Mutter den Pyjama Jahre später zur Altkleidersammlung geben wollte, schrie ich sie an, das dürfe sie nicht, nein, bitte nicht, das sei mein Lieblingsschlafanzug, der schönste, den ich je gehabt hätte. Ich hatte ihn nicht ein einziges Mal getragen.

Robert Gernhardt

Die Falle –
Eine Weihnachtsgeschichte

Da Herr Lemm, der ein reicher Mann war, seinen beiden Kindern zum Christfest eine besondere Freude machen wollte, rief er Anfang Dezember beim Studentenwerk an und erkundigte sich, ob es stimme, daß die Organisation zum Weihnachtsfest Weihnachtsmänner vermittle. Ja, das habe seine Richtigkeit. Studenten stünden dafür bereit, 25 DM koste eine Bescherung, die Kostüme brächten die Studenten mit, die Geschenke müßte der Hausherr natürlich selbst stellen. »Versteht sich, versteht sich«, sagte Herr Lemm, gab die Adresse seiner Villa in Berlin-Dahlem an und bestellte einen Weihnachtsmann für den 24. Dezember um 18 Uhr. Seine Kinder seien noch klein, und da sei es nicht gut, sie allzulange auf die Bescherung warten zu lassen. Der bestellte Weihnachtsmann kam pünktlich. Er war ein Student mit schwarzem Vollbart, unter dem Arm trug er ein Paket.

»Wollen Sie so auftreten?« fragte Herr Lemm.

»Nein«, antwortete der Student, »da kommt natürlich noch ein weißer Bart darüber. Kann ich mich hier irgendwo umziehen?«

Er wurde in die Küche geschickt. »Da stehen aber

leckere Sachen«, sagte er und deutete auf die kalten Platten, die auf dem Küchentisch standen. »Nach der Bescherung, wenn die Kinder im Bett sind, wollen noch Geschäftsfreunde meines Mannes vorbeischauen«, erwiderte die Hausfrau. »Daher eilt es etwas. Könnten Sie bald anfangen?«

Der Student war schnell umgezogen. Er hatte jetzt einen roten Mantel mit roter Kapuze an und band sich einen weißen Bart um. »Und nun zu den Geschenken«, sagte Herr Lemm. »Diese Sachen sind für den Jungen, Thomas«, er zeigte auf ein kleines Fahrrad und andere Spielsachen –, »und das bekommt Petra, das Mädchen, ich meine die Puppe und die Sachen da drüben. Die Namen stehen jeweils drauf, da wird wohl nichts schiefgehen. Und hier ist noch ein Zettel, auf dem ein paar Unarten der Kinder notiert sind, reden Sie ihnen mal ins Gewissen, aber verängstigen Sie sie nicht, vielleicht genügt es, etwas mit der Rute zu drohen. Und versuchen Sie, die Sache möglichst rasch zu machen, weil wir noch Besuch erwarten.«

Der Weihnachtsmann nickte und packte die Geschenke in den Sack. »Rufen Sie die Kinder schon ins Weihnachtszimmer, ich komme gleich nach. Und noch eine Frage. Gibt es hier ein Telefon? Ich muß jemanden anrufen.«

»Auf der Diele rechts.«

»Danke.«

Nach einigen Minuten war dann alles soweit. Mit dem Sack über dem Rücken ging der Student auf die angelehnte Tür des Weihnachtszimmers zu. Einen Moment blieb er stehen. Er hörte die Stimme von Herrn Lemm, der gerade sagte: »Wißt ihr, wer jetzt gleich kommen wird? Ja, Petra, der Weihnachtsmann, von dem wir euch schon so viel erzählt haben. Benehmt euch schön brav ...«

Fröhlich öffnete er die Tür. Blinzelnd blieb er stehen. Er sah den brennenden Baum, die erwartungsvollen Kinder, die feierlichen Eltern. Es hatte geklappt, jetzt fiel die Falle zu. »Guten Tag, liebe Kinder«, sagte er mit tiefer Stimme. »Ihr seid also Thomas und Petra. Und ihr wißt sicher, wer ich bin, oder?«

»Der Weihnachtsmann«, sagte Thomas etwas ängstlich.

»Richtig. Und ich komme zu euch, weil heute Weihnachten ist. Doch bevor ich nachschaue, was ich alles in meinem Sack habe, wollen wir erst einmal ein Lied singen. Kennt ihr ›Stille Nacht, heilige Nacht‹? Ja? Also!«

Er begann mit lauter Stimme zu singen, doch mitten im Lied brach er ab. »Aber, aber, die Eltern singen ja nicht mit! Jetzt fangen wir alle noch mal von vorne an. Oder haben wir den Text etwa nicht gelernt? Wie geht denn das Lied, Herr Lemm?«

Herr Lemm blickte den Weihnachtsmann befremdet an. »Stille Nacht, heilige Nacht, alles schläft, einer wacht ...«

Der Weihnachtsmann klopfte mit der Rute auf den Tisch: »Einsam wacht! Weiter! Nur das traute ...«

»Nur das traute, hochheilige Paar«, sagte Frau Lemm betreten, und leise fügte sie hinzu: »Holder Knabe im lockigen Haar.«

»Vorsagen gilt nicht«, sagte der Weihnachtsmann barsch und hob die Rute. »Wie geht es weiter?«

»Holder Knabe im lockigen ...«

»Im lockigen Was?«

»Ich weiß es nicht«, sagte Herr Lemm. »Aber was soll denn diese Fragerei? Sie sind hier, um ...«

Seine Frau stieß ihn in die Seite, und als er die erstaunten Blicke seiner Kinder sah, verstummte Herr Lemm.

»Holder Knabe im lockigen Haar«, sagte der Weihnachtsmann, »Schlaf in himmlischer Ruh, schlaf in himmlischer Ruh. Das nächste Mal lernen wir das besser. Und jetzt singen wir noch einmal miteinander: ›Stille Nacht, heilige Nacht‹.«

»Gut, Kinder«, sagte er dann. »Eure Eltern können sich ein Beispiel an euch nehmen. So, jetzt geht es an die Bescherung. Wir wollen doch mal sehen, was wir hier im Sack haben. Aber Moment, hier liegt ja noch ein Zettel!« Er griff nach dem Zettel und las ihn durch.

»Stimmt das, Thomas, daß du in der Schule oft ungehorsam bist und den Lehrern widersprichst?«

»Ja«, sagte Thomas kleinlaut.

»So ist es richtig«, sagte der Weihnachtsmann. »Nur dumme Kinder glauben alles, was ihnen die Lehrer erzählen. Brav, Thomas.«

Herr Lemm sah den Studenten beunruhigt an.

»Aber …«, begann er. »Sei doch still«, sagte seine Frau.

»Wollten Sie etwas sagen?« fragte der Weihnachtsmann Herrn Lemm mit tiefer Stimme und strich sich über den Bart.

»Nein.«

»Nein, lieber Weihnachtsmann, heißt das immer noch. Aber jetzt kommen wir zu dir, Petra. Du sollst manchmal bei Tisch reden, wenn du nicht gefragt wirst, ist das wahr?« Petra nickte. »Gut so«, sagte der Weihnachtsmann. »Wer immer nur redet, wenn er gefragt wird, bringt es in diesem Leben zu nichts. Und da ihr so brave Kinder seid, sollt ihr nun auch belohnt werden. Aber bevor ich in den Sack greife, hätte ich gerne etwas zu trinken.« Er blickte die Eltern an.

»Wasser?« fragte Frau Lemm.

»Nein, Whisky. Ich habe in der Küche eine Flasche ›Chivas Regal‹ gesehen. Wenn Sie mir davon etwas einschenken würden? Ohne Wasser, bitte, aber mit etwas Eis.«

»Mein Herr!« sagte Herr Lemm, aber seine Frau war schon aus dem Zimmer. Sie kam mit einem Glas zurück, das sie dem Weihnachtsmann anbot. Er leerte es und schwieg.

»Merkt euch eins, Kinder«, sagte er dann. »Nicht alles, was teuer ist, ist auch gut. Dieser Whisky kostet etwa 50 DM pro Flasche. Davon müssen manche Leute einige Tage leben, und eure Eltern trinken das einfach 'runter. Ein Trost bleibt: der Whisky schmeckt nicht besonders.«

Herr Lemm wollte etwas sagen, doch als der Weihnachtsmann die Rute hob, ließ er es.

»So, jetzt geht es an die Bescherung.«

Der Weihnachtsmann packte die Sachen aus und überreichte sie den Kindern. Er machte dabei kleine Scherze, doch es gab keine Zwischenfälle, Herr Lemm atmete leichter, die Kinder schauten respektvoll zum Weihnachtsmann auf, bedankten sich für jedes Geschenk und lachten, wenn er einen Scherz machte. Sie mochten ihn offensichtlich.

»Und hier habe ich noch etwas Schönes für dich, Thomas«, sagte der Weihnachtsmann. »Ein Fahrrad. Steig mal drauf.« Thomas strampelte, der Weihnachtsmann hielt ihn fest, gemeinsam drehten sie einige Runden im Zimmer.

»So, jetzt bedankt euch mal beim Weihnachtsmann!« rief Herr Lemm den Kindern zu. »Er muß nämlich noch viele, viele Kinder besuchen, deswegen will er jetzt leider gehen.« Thomas schaute den Weihnachtsmann enttäuscht an, da klingelte es. »Sind das schon die Gäste?« fragte die Hausfrau. »Wahrscheinlich«, sagte Herr Lemm und sah den Weihnachtsmann eindringlich an. »Öffne doch.« Die Frau tat das, und ein Mann mit roter Kapuze und rotem Mantel, über den ein langer weißer Bart wallte, trat ein. »Ich bin Knecht Ruprecht«, sagte er mit tiefer Stimme.

Währenddessen hatte Herr Lemm im Weihnachtszimmer noch einmal behauptet, daß der Weihnachtsmann jetzt leider gehen müsse. »Nun bedankt euch mal schön, Kinder«, rief er, als Knecht Ruprecht das Zimmer betrat. Hinter ihm kam Frau Lemm und schaute ihren Mann achselzuckend an.

»Da ist ja mein Freund Knecht Ruprecht«, sagte der Weihnachtsmann fröhlich.

»So ist es«, erwiderte dieser. »Da drauß' vom Walde komm ich her, ich muß euch sagen, es weihnachtet sehr. Und jetzt hätte ich gerne etwas zu essen.«

»Wundert euch nicht«, sagte der Weihnachtsmann zu den Kindern gewandt. »Ein Weihnachtsmann allein könnte nie all die Kinder bescheren, die es auf der Welt gibt. Deswegen habe ich Freunde, die mir dabei helfen: Knecht Ruprecht, den heiligen Nikolaus und noch viele andere ...«

Es klingelte wieder. Die Hausfrau blickte Herrn Lemm an, der so verwirrt war, daß er mit dem Kopf nickte; sie ging zur Tür und öffnete. Vor der Tür stand ein dritter Weihnachtsmann, der ohne Zögern eintrat. »Puh«, sagte er. »Diese Kälte! Hier ist es beinahe so kalt wie am Nordpol, wo ich zu Hause bin!«

Mit diesen Worten betrat er das Weihnachtszimmer. »Ich bin Sankt Nikolaus«, fügte er hinzu, »und ich freue mich immer, wenn ich brave Kinder sehe. Das sind sie doch – oder?«

»Sie sind sehr brav«, sagte der Weihnachtsmann. »Nur die Eltern gehorchen nicht immer, denn sonst hätten sie schon längst eine von den kalten Platten und etwas zu trinken gebracht.«

»Verschwinden Sie!« flüsterte Herr Lemm in das Ohr des Studenten.

»Sagen Sie das doch so laut, daß Ihre Kinder es auch hören können«, antwortete der Weihnachtsmann.

»Ihr gehört jetzt ins Bett«, sagte Herr Lemm.

»Nein«, brüllten die Kinder und klammerten sich an den Mantel des Weihnachtsmannes.

»Hunger«, sagte Sankt Nikolaus.

Die Frau holte ein Tablett. Die Weihnachtsmänner begannen zu essen. »In der Küche steht Whisky«, sagte der erste, und als Frau Lemm sich nicht rührte, machte sich Knecht Ruprecht auf den Weg. Herr Lemm lief hinter ihm her. In der Diele stellte er den Knecht Ruprecht, der mit einer Flasche und einigen Gläsern das Weihnachtszimmer betreten wollte.

»Lassen Sie die Hände vom Whisky!«

»Thomas!« rief Knecht Ruprecht laut, und schon kam der Junge auf seinem Fahrrad angestrampelt. Erwartungsvoll blickte er Vater und Weihnachtsmann an.

»Mein Gott, mein Gott«, sagte Herr Lemm, doch er ließ Knecht Ruprecht vorbei.

»Tu was dagegen«, sagte seine Frau. »Das ist ja furchtbar. Tu was!«

»Was soll ich tun?« fragte er, da klingelte es. »Das werden die Gäste sein!«

»Und wenn sie es nicht sind?«

»Dann hole ich die Polizei!«

Herr Lemm öffnete. Ein junger Mann trat ein. Auch er hatte einen Wattebart im Gesicht, trug jedoch keinen roten Mantel, sondern einen weißen Umhang, an dem er zwei Flügel aus Pappe befestigt hatte.

Der Weihnachtsmann, der auf die Diele getreten war, als er das Klingeln gehört hatte, schwieg wie die anderen. Hinter ihm schauten die Kinder, Knecht Ruprecht und Sankt Nikolaus auf den Gast.

»Grüß Gott, lieber ...«, sagte Knecht Ruprecht schließlich. »Lieber Engel Gabriel«, ergänzte der Bärtige verlegen. »Ich komme, um hier nachzuschauen, ob auch alle Kinder artig sind. Ich bin nämlich einer von den Engeln auf dem Felde, die den Hirten damals die Geburt des Jesuskindes angekündigt haben. Ihr kennt doch die Geschichte, oder?«

Die Kinder nickten, und der Engel ging etwas befangen ins Weihnachtszimmer. Zwei Weihnachtsmänner folgten ihm, den dritten, es war jener, der als erster gekommen war, hielt Herr Lemm fest. »Was soll denn der Unfug?« fragte er mit einer Stimme, die etwas zitterte. Der Weihnachtsmann zuckte mit den Schultern. »Ich begreif' es auch nicht, warum er so antanzt. Ich habe ihm ausdrücklich gesagt, er solle als Weihnachtsmann kommen, aber wahrscheinlich konnte er keinen roten Mantel auftreiben.«

»Sie werden jetzt alle schleunigst hier verschwinden«, sagte Herr Lemm.

»Schmeißen Sie uns doch 'raus«, erwiderte der Weihnachtsmann und zeigte ins Weihnachtszimmer.

Dort saß der Engel, aß Schnittchen und erzählte Thomas davon, wie es im Himmel aussah. Die Weihnachtsmänner tranken und brachten Petra ein Lied bei, das mit den Worten begann: »Nun danket alle Gott, die Schule ist bankrott.«

»Wieviel verlangen Sie?« fragte Herr Lemm. »Wofür?«

»Für Ihr Verschwinden. Ich erwarte bald Gäste, das wissen Sie doch.«

»Ja, das könnte peinlich werden, wenn Ihre Gäste hier hereinplatzen würden. Was ist Ihnen denn die Sache wert?«

»Hundert Mark«, sagte der Hausherr. Der Weihnachtsmann lachte und ging ins Zimmer. »Holt mal eure Eltern«, sagte er zu Petra und Thomas. »Engel Gabriel will uns noch die Weihnachtsgeschichte erzählen.«

Die Kinder liefen auf die Diele. »Kommt«, schrien sie, »Engel Gabriel will uns was erzählen.« Herr Lemm sah seine Frau an.

»Halt mir die Kinder etwas vom Leibe«, flüsterte er, »ich rufe jetzt die Polizei an!«

»Tu es nicht«, bat sie, »denk doch daran, was in den Kindern vorgehen muß, wenn Polizisten …«

»Das ist mir jetzt völlig egal«, unterbrach Herr Lemm. »Ich tu's.«

»Kommt doch«, riefen die Kinder. Herr Lemm hob den Hörer ab und wählte. Die Kinder kamen neugierig näher. »Hier Lemm«, flüsterte er. »Lemm, Berlin-Dahlem. Bitte schicken Sie ein Überfallkommando.«

»Sprechen Sie bitte lauter«, sagte der Polizeibeamte.

»Ich kann nicht lauter sprechen, wegen der Kinder. Hier, bei mir zu Haus, sind drei Weihnachtsmänner und ein Engel und die gehen nicht weg …«

Frau Lemm hatte versucht, die Kinder wegzuscheuchen, es war ihr nicht gelungen. Petra und Thomas standen neben ihrem Vater und schauten ihn an. Herr Lemm verstummte.

»Was ist mit den Weihnachtsmännern?« fragte der Beamte, doch Herr Lemm schwieg weiter.

»Fröhliche Weihnachten«, sagte der Beamte und hängte auf.

Da erst wurde Herrn Lemm klar, wie verzweifelt seine Lage war.

»Komm, Pappi«, riefen die Kinder, »Engel Gabriel will anfangen.« Sie zogen ihn ins Weihnachtszimmer.

»Zweihundertfünfzig«, sagte er leise zum Weihnachtsmann, der auf der Couch saß.

»Pst«, antwortete der und zeigte auf den Engel, der »Es begab sich aber zu der Zeit« sagte und langsam fortfuhr. »Dreihundert.« Als der Engel begann, den Kindern zu erklären, was der Satz »Und die war schwanger« bedeute, sagte Herr Lemm »Vierhundert«, und der Weihnachtsmann nickte.

»Jetzt müssen wir leider gehen, liebe Kinder«, sagte er. »Seid hübsch brav, widersprecht euren Lehrern, wo es geht, haltet die Augen offen und redet, ohne gefragt zu werden. Versprecht ihr mir das?«

Die Kinder versprachen es, und nacheinander verließen der Weihnachtsmann, Knecht Ruprecht, Sankt Nikolaus und der Engel Gabriel das Haus. »Ich fand es nicht richtig, daß du Geld genommen hast«, sagte Knecht Ruprecht auf der Straße.

»Das war nicht geplant.«

»Leute, die sich Weihnachtsmänner mieten, sollen auch dafür zahlen«, meinte Engel Gabriel.

»Aber nicht so viel.«

»Wieso nicht? Alles wird heutzutage teurer, auch das Bescheren.«

»Expropriation der Expropriateure«, sagte der Weihnachtsmann.

»Richtig«, sagte Sankt Nikolaus. »Wo steht geschrieben, daß der Weihnachtsmann immer nur etwas bringt? Manchmal holt er auch was.«

»In einer Gesellschaft, deren Losung ›Hastuwas bistuwas‹ heißt, kann auch der Weihnachtsmann nicht sauber bleiben«, sagte Engel Gabriel.

»Es ist kalt«, sagte der Weihnachtsmann.

»Vielleicht sollten wir das Geld einem wohltätigen Zweck zur Verfügung stellen«, schlug Knecht Ruprecht vor.

»Erst einmal sollten wir eine Kneipe finden, die noch auf hat«, sagte der Weihnachtsmann. Sie fanden eine, nahmen ihre Bärte ab, setzten sich und spendierten eine Lokalrunde, bevor sie weiter beratschlagten.

Rezept für *Frankfurter Bethmännchen*

Angeblich geht dieses Gebäck, das man im Grunde eher Konfekt nennen müsste, auf die Frankfurter Bankiersfamilie Bethmann zurück, in deren Küche es um 1840 erfunden wurde. Ursprünglich wurde die marzipankartoffelgroße, aber abgeflachte Marzipankugel mit vier Mandelhälften besetzt, die die vier Söhne der Familie symbolisierten. Als einer der Söhne starb, wurden die Mandeln auf drei Stück reduziert. Beim Marzipan gibt es wie bei den Lebkuchen ebenfalls zwei Schulen: Das Lübecker Marzipan ist etwas süßer und wird heute oft mit dunkler Schokolade überzogen, das Königsberger wirkt fruchtiger und saftiger, es wird traditionell abgeflämmt. Bethmännchen könnte man als ein Zwischending bezeichnen. Bei der Marzinpanrohmasse gibt es qualitativ enorme Unterschiede. Wie bei der ganzen Weihnachtsbäckerei lohnt der Aufwand eigentlich nur mit den allerbesten Zutaten.

200 g Marzipanrohmasse mit *150 g gesiebtem Puderzucker* und *etwa 2 El Rosenwasser* zu einer glatten Masse verkneten. Kugeln formen, die nur so groß sein sollten, dass sie von *jeweils drei Mandelhälften*, die man mit der Spitze nach oben aufrecht hineindrückt, quasi umhüllt werden. *1 Ei* mit *1 Tl Zucker* sehr gut verrühren. Die Bethmännchen im vorgeheizten Ofen bei 250°C einige Minuten erwärmen, herausnehmen, dünn mit dem Ei bestreichen und dann schnell goldbraun backen.

Am Weihnachtsbaume, die Kerzen brennen

Rot glänzende Äpfel an roten Wollfäden, vergoldete Nüsse, in denen sich das Kerzenlicht spiegelte, Lebkuchen und Zuckerstangen, Trockenfrüchte und sogar – als Vorläufer der gläsernen Weihnachtskugeln – in silbernes und goldenes Papier gewickelte Kartoffeln: Früher konnte man praktisch den gesamten Christbaumschmuck aufessen. In Brandenburg wurden sogar Rosinenketten um den Baum gewunden, der deshalb auch »Rosinenbaum« hieß. In einem Gedicht vom Beginn des zwanzigsten Jahrhunderts schimpft eine Mutter: »Wer hat hier genascht vom Weihnachtsbaum? Das ist doch zu toll mit den Kindern! Man wendet einmal den Rücken kaum. Gleich fangen sie an zu plündern.«

Auch beim Baumschmuck ging es nicht ohne Symbolik ab: Goldene Nüsse und Kartoffeln standen für die wiederkehrende Sonne, das Rot der Äpfel für das Blut, das Christus für die Menschheit vergossen hat. Der Philosoph Arthur Schopenhauer, von dem es heißt, sein Herz habe eher für seinen Pudel als für seine Mitmenschen geschlagen, soll ein Christbäumchen mit Frankfurter Bratwürstchen behängt haben – für den Hund! Und vermutlich ganz und gar ohne Symbolik.

Glanzpapierketten und Strohsterne bastelten die Familien selbst. 1856 lebte der Schriftsteller Theodor Storm als Richter in Potsdam. Von dort schrieb er an seine Eltern: »Wie ich den Nagel meines Daumens besehe, so ist auch der schon halbwegs vergoldet. Denn ich arbeite jetzt abends nur in Schaumgold, Knittergold und bunten Bonbonpapieren.« Er vergoldete Tannen- und Fichtenäpfel, die er am Vormittag im Wald gesammelt hatte: »Freilich hatte ich mich vorher gehörig umgesehen; denn der Herr Kreisrichter durfte sich doch nicht auf einem ganz offenbaren Waldfrevel ertappen lassen.«

»Der Baum muss glänzen, glitzern, funkeln und blenden«, befand das *Illustrirte Familienblatt Die Gartenlaube* 1893 mit einer gewissen Strenge. Hierzu unverzichtbar war die gläserne Christbaumkugel, die ein Glasbläser 1853 im thüringischen Lauscha erfunden hatte. Lebten wir in einer gerechten Welt, stünde auf dem dortigen Marktplatz ein grandioses Denkmal für ihn, denn er bescherte der Stadt ihre Existenzgrundlage: Christbaumschmuck in jeder nur erdenklichen Form. Neben traditionellen Kugeln, Glocken, Zapfen, Vögelchen sowie Engeln und Sternen für die Baumspitze (Letztere verweisen natürlich auf den Stern von Bethlehem), gibt es ein sehr erfolgreiches Sortiment von schrägen, ironischen und modernen »Kugeln«: Donald Duck als Santa Claus, ein gelbes New Yorker

Taxi, ein Fußball oder eine Essiggurke. Die Gurke fällt etwas aus dem Rahmen, denn gurkengrün trägt im Tannengrün nicht nennenswert zum Glänzen, Glitzern, Funkeln und Blenden des Baumes bei.

Wie wir aus den USA erfahren, handelt es sich bei dieser Baumgurke um eine »uralte deutsche Weihnachtstradition«, und zwar um diese: Im Baum wird eine Essiggurke (früher echt, heute aus Glas) versteckt, und wenn die Kinder zur Bescherung ins Zimmer kommen, müssen sie erst die Gurke suchen. Wer sie findet, bekommt ein Geschenk.

Die Lauschaer Weihnachtskugelfabrikanten exportieren die »typisch deutschen *Christmas Pickles*« jedenfalls haufenweise in die USA. Da wir für Anregungen aus den USA immer offen sind, könnte es sein, dass wir die in Deutschland bislang unbekannte *very old German Christmas tradition* der *Baumgurke* übernehmen werden und so zu einer *very new German Christmas tradition* machen.

Ob neben den viele Jahrzehnte alten, von Kinderhand gebastelten und in der Familie gehüteten Strohsternen eine Fußball-Weihnachtskugel hängen darf, kann beim Baumputzen die Gemüter ebenso erhitzen wie die Frage nach dem Lametta: mit oder ohne? Penibel gehängt oder schwungvoll geworfen? Lametta, das es seit etwa einhundert Jahren gibt, soll Eiszapfen darstellen. Das Engels- oder Feenhaar, das wie Schneekissen auf den Zweigen liegt, hat etwas an Beliebtheit verloren, was unter anderem auch deswegen schade ist, weil diese weißen Glasfaserwölkchen eine Lehre fürs Leben bereithalten: Wer ihrem entzückenden Namen vertraut, ist nicht darauf vorbereitet, wie tückisch sie in die Haut pieksen.

Kerzen am Baum waren anfangs nicht üblich. Denn Bienenwachs war sehr teuer, und es war sehr schwierig, die Kerzen gerade und stabil an den Zweigen zu befestigen. Das änderte sich erst, als gegen Ende des neunzehnten Jahrhunderts preisgünstige Stearin- und Paraffinkerzen sowie der praktische Klemmhalter erfunden wurden.

Am Heiligabend knipsen wir alle Lampen aus, damit der Weihnachtsbaum besonders feierlich und hell strahlt. Wir, die wir ständig von so viel Licht umgeben sind, können uns kaum vorstellen, wie der Glanz eines Christbaums auf Menschen gewirkt haben muss, die ihre Nächte und die langen Winter nur mit Petroleumlampen und einzelnen Kerzen erhellen konnten. In alten Weihnachtserzählungen wird oft erwähnt, dass der Anblick des strahlenden Christbaumes vor allem Kindern den Atem verschlagen habe. Die Lichtfülle so vieler Kerzen erschien ihnen wie ein Wunder.

Heute stecken nur noch gut zehn Prozent aller Deutschen echte Kerzen an ihren Baum, die anderen sind zu weißen oder bunten Lichterketten übergegangen (für eingeschworene Disko-Fans blinkend erhältlich). Und weil der Fortschritt auch vor dem Weihnachtsbaum nicht haltmacht, knipst man sie mit der Fernbedienung an und aus.

Kerzengießen und Kerzenziehen gehörten seit jeher zum bäuerlichen Alltag, und es gab auch schon Schwimmkerzen. Man füllte Walnussschalen mit Rüböl und einem Wolldocht, setzte sie in ein wassergefülltes Gefäß, das wiederum auf die Fensterbänke gestellt wurde. Von dort strahlten die »leuchtenden Schifflein« in die Nacht hinaus. Ledige Hessinnen nutzten sie als Orakel: Eine Schale trug den eigenen Namen, andere die Namen möglicher Bräutigame – heiraten würde sie den, mit dem die eigene Schale zusammenstieß.

Franz Bauer

Die Christbaumspitz

Dös is fei wahr und is ka Witz
Die G'schicht fo unsrä Christbaumspitz.
Dös war a schene Spitz jawull
Fo auß'n silbri und inna hull
Drum hot mei Frau g'sagt »Gouder Fritz
Gib mä fei obacht auf die Christbaumspitz!«

Und i hob grod den Christbam putzt
Und hät mi werkli bold dahutzt
Und wals pressiert hot do drum eben
Lang i mit meiner Händ' danebn.
Der Mensch macht monchmal sella Schnitz –
Am Bud'n liegt die Christbaumspitz.

Die Frau die wor grad net zur Stell
Drum hob i denkt, et's handelst schnell
Die Hinterseid'n war lädiert
Drum hob is g'scheit mit Leim o'gschmiert
Hob's wieder naufpappt auf ihr'n Sitz
Gleich hie am Bam die Christbaumspitz.
Wer's g'wußt hätt, der hätt's deutli g'sehn,
doch i hob gonix g'sacht desweng.

Doch bei der B'scherung – des war dumm
Mir stena under'm Christbaum rum
Und weii mei Frau singt«Einsam wacht«,
dou hat's auf amal komisch kracht.
I merk, weii i ganz plötzli schwitz,
am Bod'n liegt die Christbaumspitz.

I hob blous mit die Achseln zuckt
Und hob an maner Krawatt'n krukt
Und hob g'sagt
»Dou is schould blous dei unheimlich Singerei,
die kräftig Tön, die ham's zahout,
Warum bläckst'n immer a su laut?
Du schnulzt ja viel zu viel Lakritz,
siegst, et's is hie, die Christbaumspitz«.

In Werglikeit is anders g'west,
der Leim der hat sie langsam g'lest
und hat halt nimmer a su pappt,
drum hot die Spitz sich g'lockert g'habt
und schuld dro war die Aff'nhitz
und i mit meiner Christbaumspitz.

Rezept für *Springerle*

Anders als bei den Zimtsternen kann es hier keine Diskussion geben: Springerle gehören in den Südwesten wie der Markt ums Freiburger Münster. Dort kann man auch die geschnitzten Model aus Birnenholz kaufen, die es in zahllosen, mehr oder weniger traditionellen Varianten gibt. Springerle sollen beim Backen »Füßchen« bilden, also aufgehen und dabei einen kleinen Sockel bekommen. Die richtige Konsistenz bekommt der Teig durch das Antrocknen über Nacht (aber nicht länger als 8-12 Std.). So werden die Springerle fest, enthalten aber noch so viel Feuchtigkeit, dass der Dampf den Teig beim Backen nach oben drückt. Die von Eduard Mörike besungenen Frankfurter Brenten (aus Marzipan) gehören übrigens ebenso wie die Spekulatius (aus einem Honig-/Sirupteig) zu den symbolischen Weihnachtsopfer-Gebäcken.

4 große Eier mit *500 g gesiebtem Puderzucker* sehr gut schaumig rühren. Mit *500 g gesiebtem Mehl, 1 El Kirschwasser*, etwas *Salz* und *Hirschhornsalz* (Letzteres fakultativ; gegebenenfalls im Kirschwasser auflösen) zu einem Teig kneten. Auf *Anissamen* knapp 1 cm dick und sehr glatt ausrollen, mit den Modeln formen und ausschneiden (falls der Teig zu feucht sein sollte, eventuell vorher noch ruhen lassen und dann nach und nach verarbeiten, damit er nicht zu stark antrocknet). Die Springerle auf leicht gefettete Bleche setzen, 8 bis 12 Std. antrocknen lassen, dann im vorgeheizten Ofen bei 150°C 15 Min. backen, dabei die Ofentür einen Spalt offen lassen. Die Springerle sollten keine Farbe annehmen.

Süßer die Glocken nie klingen …

Im Dezember, ja, schon im November wird gesungen und gefiedelt, dass es nur so eine Art hat: Weihnachten und Musik gehören untrennbar zusammen. Piepsig-atemlos intonieren ganze Kindergärten *Lustig lustig, tralalalala, bald ist Nikolausabend da* (angesichts der beschwingten Lebensfreude dieses Liedes wundert es kaum, dass es aus dem Rheinland kommt). Große Ensembles aus Solisten, gemischtem Chor und Orchester füllen mit mehrteiligen Aufführungen von Bachs brausendem *Weihnachtsoratorium* Konzertsäle und Dome, kleine Kirchenchöre und Organisten gestalten die Festgottesdienste. Brav eingeübtes *O du fröhliche* auf der Blockflöte gehört ebenso zu Weihnachten wie die jährlichen *Christmas-Specials* von echten und Möchtegern-Popstars. Der Tiefpunkt ist zweifelsohne jener *easy listening* genannte Geräusch-Schaum, mit dem Radiosender und Warenhäuser uns schon viele, viele Wochen vor Weihnachten überziehen – manchmal terrorisieren.

Die erste Musik zur Ankunft des Heilands wurde in Kirchen und Klöstern gespielt, im Mittelalter ehrten Mönche und Geistliche Christus mit lateinisch gesungenen Gregorianischen Gesängen. Das älteste überlieferte Weihnachtslied in deutscher Sprache, *Sys willekomen heirre kerst,* entstand vermutlich im elften Jahrhundert in Aachen. Das ist sehr früh, denn in der Kirche wurde ja nahezu ausnahmslos Lateinisch gesprochen und gesungen. Grundsätzlich änderte sich das erst mit der Reformation, also mit Martin Luther. Der schrieb 1535 für die Heiligabendbescherung seiner Kinder ein fünfzehnstrophiges Lied, das er *Ein Kinderlied auf die Weihnacht Christi* nannte. Wir kennen und singen es als *Vom Himmel hoch, da komm ich her.* Am 25. Dezember 1735, also zweihundert Jahre und ein Tag später, wurde in Leipzig, nur siebzig Kilometer von der Lutherstadt Wittenberg entfernt, Bachs *Weihnachtsoratorium* uraufgeführt. Ein Jahrzehnt später legte Bach übrigens Luthers Lied seinen *Canonischen Veränderungen über ein Weihnachtslied* zugrunde.

Ursprünglich hatten die katholische und die evangelische Kirche jeweils eigene Advents- und Weihnachtslieder. Die Unterschiede in den Gesangbüchern sind nicht völlig verschwunden, aber die Grenzen verschwimmen. Luthers *Vom Himmel hoch,* ursprünglich ein erzprotestantisches Adventslied, wird jetzt in beiden Kirchen gesungen.

Aus dem fünfzehnten oder sechzehnten Jahrhundert stammt auch *Es ist ein Ros entsprungen.* Es gehört zu den Liedern, die am Heiligabend im Familienkreis und meist vor der Bescherung gesungen werden – und hat Generationen von Kindern in Verwirrung gestürzt:

Wieso entspringt ein Ross oder ein Rösslein – also ein Pferd – aus einer Wurzel? Wie hat man sich das denn vorzustellen?

Stille Nacht, heilige Nacht, ebenfalls ein Heiligabend-Klassiker, ist erheblich jünger. Es wurde von dem Hilfspfarrer Joseph Mohr gedichtet und dem Dorfschullehrer und Organisten Franz Xaver Gruber komponiert. Als die beiden ihr Werk am Heiligabend 1818 in Salzburg aus der »Krippe« hoben, konnten sie nicht ahnen, was aus ihrem Liedchen werden würde: das bekannteste Weihnachtslied der Welt. *Wie* bekannt, begreift man spätestens auf einer südafrikanischen (!) Internetseite, die 225 Versionen in 140 verschiedenen Sprachen verzeichnet. *Sehr* verschiedenen Sprachen. Auf Suaheli heißt es *Usiku Mtakatifu,* auf Cheyenne *Pavetaa'eva nehe'xoveva,* auf Maori *Mārie te pō, tapu te pō* und auf Zulu *Busuku obuhle.* Kein Wunder, dass gerade beantragt wurde, diesem Lied den Status eines Weltkulturerbes zu verleihen.

Die weltweit erfolgreichste Single eines Weihnachtsliedes ist – was sonst! – Bing Crosbys *White Christmas.* Seit Crosby es am 25. Dezember 1941 zum ersten Mal im Radio sang, wurde die Platte (heute natürlich CD) 50 bis 100 Millionen Mal verkauft! Text und Melodie stammen von Irving Berlin, er kam aus einer musikalisch begabten Familie. Sein Vater war Kantor in der Synagoge seiner russischen Heimatgemeinde. Die romantischste Weihnachtsschwärmerei aller Zeiten stammt also aus der Feder eines Juden.

Max von der Grün

Fahrtunterbrechung

Nun stehe ich wieder auf dem Bahnsteig und warte auf den Zug, und überlege, warum ich meine Fahrt drei Stunden unterbrochen habe.

Ich weiß es nicht.

Kurz entschlossen war ich ausgestiegen, bevor der Zug zur Weiterfahrt anruckte. Ich war auf mich selbst wütend, als ich allein auf dem Bahnsteig stand, der kalte Wind mir durch die Haare fegte und ein Gepäckträger, den ich nicht gerufen hatte, mir meinen kleinen Koffer aus der Hand nehmen wollte; es gab für mich keinen Grund, warum ich in dieser Kleinstadt meine Fahrt unterbrach, in die sich ein Schnellzug nur verirrt, weil er auf den Schienen bleiben muß.

Ich muß wohl sehr ratlos ausgesehen haben, sonst hätte mich der Fahrdienstleiter nicht gefragt, ob mir was fehle. Es war ein trüber Tag, kalt, und doch roch es, wie man so sagt, nach Schnee. Die Straße, die ich vom Bahnsteig aus einsehen konnte, war weihnachtlich erleuchtet, bunte Glühbirnen waren auf Drähten über die Straße gezogen, vor einem Geschäft stand ein beleuchteter Weihnachtsbaum. Vor zwanzig Jahren war ich zum letztenmal in dieser Stadt, von hier holte mich der Staat zum Militär, steckte mich in eine Uniform, die man das Kleid der Ehre nannte. In Kriegsgefangenschaft, hinter Stacheldraht, wuchs dann die Sehnsucht nach dieser Stadt. Seit zwanzig Jahren – so lange ist das schon her – fuhr ich immer nur durch, meist blickte ich nicht einmal von meinem Buch oder meiner Zeitung hoch, wenn er auf dieser Station hielt.

Warum bin ich ausgerechnet heute ausgestiegen.

Das Bahnhofsgebäude leuchtete rot – ich hatte es gelb in Erinnerung – mit dem eigenartigen Rauhputz an der Hauptfassade, der zu den Häusern dieser Landschaft gehört. Der Bahnhofsvorplatz lag verlassen. Gegenüber, vor der Post, standen zwei etwa drei Meter hohe Weihnachtsbäume. Die elektrischen Birnen darauf brannten nicht. Auch die Asphaltdecke auf dem Vorplatz war neu für mich, früher war da holpriges Kopfsteinpflaster. Jedenfalls in meiner Erinnerung. Langsam schlenderte ich durch die Straßen, es war kalt, mein Mantel war für diese Kälte zu leicht. Auch hier gab es neue Geschäfte, neue Straßen, neue Häuser, frisch getünchte und farbenfrohe Häuserfronten. Auch hier gab es mehr Autos, die Häuser waren höher geworden, wo ich ein altes Fachwerkhaus vermutete, stand ein Neubau. Von den beiden Türmen der berühmten Kloster- und Barockkirche leuchteten wie eh und je die Patinadächer.

Ich ging in die Kirche. Jeder, der in diese Stadt kommt, geht hinein, und ich glaubte früher als Kind, jeder kommt nur in die Stadt, um in diese Kirche gehen zu können.

Es war angenehm warm in der Kirche. Vor dem Altar standen zwei große Weihnachtsbäume, auch darauf elektrische Birnen. Sie brannten. Als ich die Tür wieder öffnen wollte, sah ich das Schild und erschrak etwas. Es war, wie vor zwanzig Jahren die freundliche Aufforderung: Besucher, wandere nicht mit den Händen auf dem Rücken durch das Gotteshaus.

Als Schüler verstanden wir die Aufforderung nicht, und wir wanderten in der Woche zwei- bis dreimal nach dem Unterricht durch die Kirche, mit auf dem Rücken verschränkten Armen, in ängstlicher Erwartung, denn es war für uns doch gewiß, daß etwas passieren mußte, weil wir der freundlichen Aufforderung nicht nachkamen. Aber es passierte nie etwas; wir waren dem lieben Gott nur manchmal etwas böse, daß er sich unsere Unbotmäßigkeit regelmäßig und über viele Jahre hinweg gefallen ließ.

Heute verstand ich die freundliche Aufforderung noch weniger als damals, ich wunderte mich nur ein wenig, wie beharrlich sich freundliche Aufforderungen über Kriege und Zerstörungen hinweg halten können. War es Gedankenlosigkeit oder Absicht?

Draußen rannte der kalte Wind gegen mich an, mein leichter Mantel blähte sich auf. Ich fror, auch meine Schuhe waren zu leicht für dieses Wetter. Ich hörte die Menschen sprechen, diesen schrecklichen Dialekt, mit dem ich aufgewachsen war und den wir in der Schule zur Erlernung der hochdeutschen Sprache zu unterdrücken hatten. Das war für uns Jungen ein nie endender Kampf, und Sieger blieb, standen wir nach Schulschluß auf der Straße, der Dialekt.

Oh, dieser gutturale Dialekt, den kaum einer verstand, der nicht aus dieser Stadt stammte.

Vielleicht war es die für Fremde kaum verständliche Sprache, die mich veranlaßt hatte, plötzlich auszusteigen und jetzt ziellos herumzulaufen. Jetzt fand ich die Mundart scheußlich, ja ordinär. Wohl verstand ich noch jedes Wort, aber als ich durch den heute wie damals peinlich sauberen Park ging und mich unbeobachtet fühlte, versuchte ich, ob ich noch so sprechen konnte wie die Menschen dieser Stadt. Ich stammelte wie ein Betrunkener vor mich hin. Ich war wütend, es gelang mir kein Wort.

Diese kindischen Versuche sollte man lassen. Und doch bot ich nicht die Tageszeit, sondern sagte Grüß Gott, als ich in ein verschlafenes Café trat und eine Tasse Tee bestellte. Es war dasselbe Café, in dem wir früher nach der Schule unsere Hausaufgaben schrieben und erste Blicke mit den Mädchen wechselten.

Du wirst sentimental, sagte ich mir, geh weiter, es liegt vielleicht daran, daß morgen der Heilige Abend ist, liegt vielleicht an der festlichen Beleuchtung der Stadt, am kalten Wind, am Geruch nach Schnee.

Erst hatte ich geglaubt, als ich vom Bahnhof stadteinwärts ging, man müßte mich erkennen. Ich sah den Leuten fest in die Augen, als wollte ich fragen: Kennt ihr mich noch? Bald gab ich es auf, und es war an mir, die Menschen aufmerksam zu mustern, ob vielleicht ein Bekannter mir begegnete. So sehr ich auch in den Gesichtern forschte, ich erkannte keinen – und mich erkannte keiner.

Ich war einfach ein Fremder unter Fremden. Es tat mir nicht weh, und doch war ich ein wenig verwundert. Viele Straßen trugen nun andere Namen, der Adolf-Hitler-Platz hieß nun Theodor-Heuss-Platz, die Schillerstraße hieß noch so und auch die Bismarckallee, die schmale Gasse aber, in der ein Schulfreund nach dem Krieg ein Elektrogeschäft eröffnet hatte, fand ich schnell. Durch die Scheiben grinsten mich unbekleidete Schaufensterpuppen an. Ich wunderte mich, denn es war nicht üblich, kurz vor dem Fest noch einmal umzudekorieren. Den Namen meines Schulfreundes fand ich später auch im Telefonbuch nicht wieder. Er war nicht mehr in der Stadt.

Wenig später betrat ich eine Telefonzelle und wählte die Nummer eines anderen Schulfreundes, der Zahnarzt geworden war. Eine fette Stimme meldete sich, ich tat so, als hätte ich seinen Namen nicht verstanden, und fragte noch einmal, wer dort sei: Hier Möller! Nun klang seine Stimme ungeduldig, aber immer noch fett. Ich sagte: Verzeihung, ich habe mich verwählt. Wortloses Knurren war die Antwort, bevor ich einhängte.

Kurz vor ein Uhr ging ich essen. Erst als ich im Lokal saß, merkte ich, es war derselbe Raum, in dem ich meine Frau kennengelernt hatte.

Die Karte, der Herr? Darf ich dem Herrn etwas empfehlen?

Ich sah auf. Mein Gott, war hier die Zeit stehengeblieben? Es war Gustav. Gustav, der uns damals bei unserer heimlichen Verlobung Kalbsherz empfohlen hatte. Ich bestellte Kalbsherz.

Sehr wohl der Herr, ganz frisch, wir führen nur frische Waren. Gustav wedelte mit der Serviette über das Tischtuch und verschwand in knarrenden Schuhen, damals knarrten seine Schuhe auch, und seine leicht rötliche Glatze leuchtete wie ein Faschingslampion, wie damals, und er war noch immer dürr und lang, wie damals, er sprach hastig und unbeteiligt, und wenn er einem Gast etwas empfahl, sah er aus dem Fenster, wie damals. Hinter der Scheibengardine am Fenster zur Straße war eine Fliege. Wie kommt um diese Zeit eine Fliege ans Fenster, dachte ich.

Das Kalbsherz war sehr zart, gut gewürzt, erstklassig, wie man so sagt, und es war billig. Ich wunderte mich, wie die Leute hier mit diesen Preisen zurechtkamen.

Wieder auf der Straße, wurde mir klar, daß trotz aller Neuerungen an Häusern und Straßen, Bekleidung und Kinderwagen, Fabriken und Geschäften die Zeit stehengeblieben war – es hatte keinen Krieg gegeben, keine Zerstörung, der Krieg war nur als Hauch über diese Stadt gezogen. Der Dialekt mit den in Nachbarstädten schon unverständlichen Idiomen, das Grüß Gott und der Plausch auf der Straße gehörten zu einer

Stadt, wie sie vor zwanzig Jahren schon war, vielleicht schon vor zweihundert. Vielleicht war sie immer so.

Ich war froh und enttäuscht. Was hatte ich nur erwartet? Warum bin ich ausgestiegen, warum hatte ich meine Fahrt unterbrochen? Wegen der alten Frau, die mir im Zug gegenübersaß und mir über fünfzig Kilometer hinweg erzählte, wie sie vom Leben vernachlässigt worden war? Gewiß nicht, an solche räsonnierenden Offenheiten war ich gewöhnt, ich hörte einfach nicht hin, ich setzte immer meine Maske. auf, Anteilnahme oder Lächeln. Nein, die alte Frau war es nicht. Ich war in den letzten Jahren mehrmals durch diese Stadt gefahren, und ich war nicht ausgestiegen, ich hatte nicht einmal von meinem Buch oder von meiner Zeitung aufgesehen, wenn der Zug für drei Minuten hielt. Warum heute, in dieser Kälte, bei diesem eisigen Wind, der nach Schnee roch. Ich steige aus und laufe durch eine vertraute fremde Stadt, in der ich zwar geboren wurde und zur Schule ging, die mich aber unbeteiligt läßt, wie etwas Fremdes.

Dann überkam mich die Langeweile, denn in den drei Stunden hatte ich alles gesehen, war durch einige Straßen mehrmals gelaufen, hatte mich unauffällig zu diskutierenden Gruppen gestellt, um ihre Sprache wieder zu hören. Mich erkannte keiner, ich wurde von keinem erkannt. Das war gut so.

Was wollte ich. Hatte ich Triumphbögen erwartet, ausgebreitete Arme. Vieles war vertraut, wie etwa das Café, das Kalbsherz und das eingesüßte Bier – und die freundliche Aufforderung am Portal der Barockkirche, nicht mit verschränkten Händen auf dem Rücken durch das Gotteshaus zu gehen; aber Stadt und Menschen waren mir fremd.

Und doch war ich drei Stunden durch eine fremde Stadt gewandert, die ich kannte, jeden Baum, jedes Haus, jede Straße, jeden Winkel. Mit dem Nachmittags-D-Zug fuhr ich weiter. Ich bereute den Aufenthalt nicht, konnte mich aber auch nicht darüber freuen, ich hatte drei Stunden verloren, ich hatte gut gegessen und den Schnee gerochen.

Meine Frau lag schon im Bett, als ich zu Hause ankam. Das Wohnzimmer war verschlossen, sie hatte den Baum geputzt, wie jedes Jahr, einen Tag vor dem Heiligen Abend, damit an diesem Tag die Hetzerei nicht allzu groß würde.

Du kommst spät, sagte sie. War etwas los?

Nein, warum soll etwas los sein. Es war wie immer.

Dann ist es ja gut, sagte sie.

Jan Eik

Weihnachtsüberraschung

Die Ostsee zu Weihnachten war ein Reinfall. Im Ort sah es aus, als hätte es sich nicht bis hierher herumgesprochen, daß irgendwann eine Wende stattgefunden hatte. Die weiße Farbe blätterte noch immer narbig von den Hauswänden, in den ehemaligen Betriebs- und Gewerkschafts-Heimen gähnten gardinenlose Fensterhöhlen, und auf der verlassenen Strandpromenade wehte der böige Seewind den Unrat in die Dünen.

Als ihnen die ältere Frau mit den dicken Brillengläsern den Preis für das Zimmer mit dem unebenen Fußboden und der abgewetzten Auslegware nannte, waren sie sicher, daß zumindest die Nachricht von der Währungsunion bis in den hohen Norden vorgedrungen war: Hundertfünfunddreißig De-Mark. Mit Frühstück. Und mit Seeblick. Das war Doreens Bedingung gewesen. Wenn schon Ostsee, dann mit Seeblick.

Arnfried hatte zugestimmt, obwohl ihn der Blick aus dem Erkerfenster auf die bleigraue Wasserfläche deprimierte. Außerdem störte ihn der schale Mief, der in den Polstermöbeln und in den grauen Stores nistete.

Die Betten wirkten wenig vertrauenerweckend; die Handtücher fühlten sich an wie aus extrahartem Toilettenpapier.

Weit draußen auf See blinkte ein einsames Licht. Arnfried wandte sich ab.

Doreen rief: »Nicht umdrehen! Weihnachtsüberraschung.«

Na gut, dachte er. Wahrscheinlich war es das einzige, was ihnen hier blieb: miteinander ins Bett zu gehen, und das drei Tage und Nächte lang. Immer noch besser, als ein trübes Weihnachtsfest in Einsamkeit zu verbringen. Er haßte Feiertage. Vielleicht hatte sich Doreen was Besonderes an Unterwäsche einfallen lassen, und es wurde alles viel schöner, als er es erwartete.

Als er sich umdrehen durfte, stand sie neben dem Bett, auf das er seinen Schlafanzug geworfen hatte. Sie trug den gleichen dunkelgrauen Pullover wie auf der Fahrt und dazu Jeans.

»Wo ist die Überraschung?« fragte er verblüfft.

»Später. Willst du nichts weiter auspacken?«

»Ich will jetzt ganz was anderes«, sagte er und ging auf sie zu. Sie lachte und blies ihm eine Qualmwolke ins Gesicht. Natürlich rauchte sie schon wieder. Das hatte ihn von Anfang an gestört. Frauen, die rauchen, schmecken beim Küssen nach allem Möglichen. Nach Ölsardinen beispielsweise. Oder nach Geranien wie Doreen. Arnfried verabscheute den Geruch von Geranien. Seine Mutter hatte damit jeden Sommer die Balkonkästen bepflanzt.

Also verzichtete er darauf, Doreen zu umarmen, und warf sich rücklings auf das ächzende Bett.

»Nix is!« Doreen zog ihn hoch. »Ich habe Hunger.«

Auch das wurde beinahe eine Pleite. Anscheinend gab es in dem ganzen Nest kein Restaurant, das am Heiligabend geöffnet hatte. Verdrossen stapften sie den Strand entlang in Richtung auf die Lichter des nächsten Ortes. Dort fanden sie nach einigem Suchen einen Italiener, der sich das Weihnachtsgeschäft nicht entgehen lassen wollte.

Sie blieben die einzigen Gäste. Der Kellner servierte wortlos Suppe, Salat und Lasagne und überließ es Arnfried, Rotwein nachzuschenken. Den Geräuschen nach, die aus der Küche drangen, tranken sie dort härtere Sachen. Arnfried mußte laut rufen, um eine zweite Flasche zu bestellen. Die Wärme des Weins taute ihn allmählich auf, und er verfluchte die Idee dieser plötzlichen Ostseereise nicht mehr ganz so heftig. Doreen war schon okay, besser als manche andere. Ein bißchen burschikos vielleicht, aber dafür offen und ohne Komplikationen. Mit ihr konnte man reden, sie hörte zu. Und wenn sie was sagte, war es nicht das übliche Stroh. Sie hatte in Rostock gearbeitet, bis die Treuhand die Bude abwickelte und Doreen gerade noch eine erstaunlich hohe Abfindung kassieren konnte. Sie war anspruchslos und sprach gerne von der Summe auf ihrem Konto, die für eine Existenzgründung ausgereicht hätte, wie Arnfried fand. Doreen wollte davon nichts wissen. Sie bezog Arbeitslosengeld und jobbte schwarz in irgendeiner alternativen Druckerei im Prenzlauer Berg.

»Soviel Geld habe ich noch nie gekriegt«, sagte sie albern. »Und alles in West!«

Arnfried griff unter dem Tisch nach ihrem Knie. Doreen quiekte, und er küßte sie. Der Knoblauch im Salat verdrängte den Geranienduft.

Auf dem Rückweg schien es ihm, als sei es wärmer geworden. Doreen kuschelte sich an ihn und sog genießerisch an ihrer Zigarette. Der Wind blies den Rauch an Arnfried vorbei.

»Hast du eigentlich ein Weihnachtsgeschenk für mich?« wollte sie wissen.

Arnfried war unangenehm berührt. Sie hatten sich spontan zu dieser Reise entschlossen, als Doreen ihn mittags anrief: Was machst du über die Feiertage?

Scheiß Feiertage! hatte er geantwortet. Übereinstimmend stellten sie fest, daß sie in der Stadt weder Verwandte noch Bekannte besäßen, mit denen es sich lohnte, Weihnachten zu verbringen, und daß es das beste wäre, einfach irgendwohin abzuhauen. An die Ostsee beispielsweise. Eine Stunde später hatte er Doreen an der Ecke Immanuelkirchstraße abgeholt.

Wußtest du, daß Kafkas Braut hier gewohnt hat? hatte sie als erstes gefragt. Dann wollte sie zu einem Geldautomaten.

Ihm war Kafkas Braut, wer immer die sein mochte, ziemlich egal gewesen. Aus Gewohnheit machte er einen langen Hals, als Doreen ihre Geheimzahl eintippte. Mit keiner Silbe dachte er an ein Weihnachtsgeschenk.

»Ich zahle das Zimmer«, sagte er und spürte im gleichen Augenblick, daß es keine gute Antwort war.

Sie rückte ein Stück von ihm ab und murmelte: »Ich meinte nur irgendeine Kleinigkeit …«

»Hast du denn was für mich?«

Sie schwieg. Anscheinend war sie doch nicht so unkompliziert, wie er gehofft hatte. Irgendwie hatte er kein Glück mit Frauen.

Die Strandpromenade lag verödet. Hinter einem der Dachfenster im Hotel leuchteten Kerzen an einem Weihnachtsbaum. Wahrscheinlich wohnte dort die halbblinde Frau, die ihnen die Schlüssel für das Zimmer und die Haustür ausgehändigt und sich nach der gewünschten Frühstückszeit erkundigt hatte.

Aus dem Zimmer wehte ihnen abgestandene Kühle entgegen. Er half Doreen aus dem Anorak und faßte von hinten sanft um ihre Brüste. »Nun sei nicht sauer«, sagte er. »Vielleicht hat der Weihnachtsmann doch noch was für dich im Sack …«

Sie trat ihn so heftig, daß er aufschrie.

»Das ist das einzige, woran du denkst, wie?«

Er hielt es für besser, zu verschweigen, daß er im Augenblick tatsächlich an nichts anderes denken wollte. Wozu waren sie schließlich hierhergefahren? Und was blieb ihnen sonst in diesem tristen Nest, in dem sie Mühe haben würden, sich anständig zu ernähren.

Er tappte über den unebenen Fußboden zum Erker

und ließ sich in den Sessel fallen. Von der See sah man nur einen hellen Streifen, der verschwand, als er die Stehlampe einschaltete. Hinter ihm zog sich Doreen aus. Er bemühte sich, nicht in ihre Richtung zu blicken. Als er es schließlich tat, traute er seinen Augen nicht. Sie hatte die Strumpfhose ausgezogen und war gerade dabei, eine hellgraue Unterhose von beträchtlichem Ausmaß überzustreifen. Darüber trug sie ein ausgeblichenes T-Shirt mit einem grellfarbenen Papagei auf der Brust.

»Hast du diese Reizwäsche extra für mich ausgesucht?«

Doreen trat unbefangen in den Lichtschein. »Es ist kalt hier, findest du nicht auch?«

Arnfried hatte das Gefühl, zu einem Eiszapfen zu erstarren, doch er schwieg und starrte sie nur an.

Sie hielt schon wieder eine Zigarette in der Hand und suchte nach ihrem Feuerzeug.

»Geht es nicht mal fünf Minuten, ohne zu rauchen?« Er vermochte den Zorn in seiner Stimme kaum zu unterdrücken.

Sie lächelte überlegen. »Mein Gott, dir bedeutet eben die Bumserei sehr viel und mir das Nikotin.«

Sie hatte ihr Feuerzeug auf dem Nachttisch entdeckt und stand mit dem Rücken zu ihm, während sie die Zigarette anzündete. Er riß sie so heftig an der Schulter herum, daß ihr das glimmende Stäbchen aus der Hand fiel. Haßerfüllt trat er auf die Glut.

Für einen Augenblick glaubte er, Doreen würde ihn

schlagen, doch sie sagte erstaunlich gelassen: »Weshalb regst du dich auf? Heute und morgen geht es sowieso noch nicht. Wenn du artig bist, hast du vielleicht am zweiten Feiertag Glück ...«

Der hämische Unterton, das triumphierende Blitzen in ihren Augen, ihr lächerlicher Aufzug und seine eigene Ohnmacht trieben Arnfried das Blut in den Kopf. Vergessen war alles, was ihn besser davon abgehalten hätte, ihr ins Gesicht zu schlagen. Sechs Monate hatte er in Rummelsburg verbüßt und sich geschworen, daß es dazu nie wieder kommen würde. Jedenfalls nicht so, daß man es ihm hinterher beweisen konnte.

Von seiner Handkante getroffen, taumelte Doreen gegen das Bett. Er hielt sie an ihrem Papageienhemd fest und roch den Geranienduft. In diesem Augenblick traf ihn ihr Knie mit einer Wucht und Präzision, die ihm den Atem und jeden klaren Gedanken raubte. Er umklammerte ihren Hals. Der reißende Schmerz stieg ihm bis ins Hirn.

Als er wieder zu sich kam, noch immer vornübergebeugt von dem nur langsam abklingenden Schmerz, lag Doreen vor ihm auf dem Bett. Ein Blutstrom floß aus ihrer Nase über seinen Schlafanzug auf das Bettzeug. Arnfried schleppte sich zur Waschnische, nahm eins der bretthharten Handtücher und wußte dabei, daß es zwecklos sein würde, irgend etwas wegzuwischen. Er ging zurück zum Bett und griff nach Doreens Handgelenk.

Nichts. Nicht die kleinste Regung. Er ließ die Hand los, und der Arm fiel flach auf das Bettuch.

Eine ganze Weile stand er reglos und stierte auf den Frauenkörper. Der Papagei, mit offenem Schnabel, schien ihn auszulachen. Arnfried warf das Handtuch über Kopf und Brust der Frau und wankte zum Sessel.

Als seine Finger das ausgefranste Kunstleder der Armlehne berührten, durchfuhr ihn ein heißer Schreck. Er durfte keine Fingerabdrücke hinterlassen!

Er blieb lange sitzen, breitbeinig, weil das den Schmerz in seinen Hoden ein wenig linderte, die Hände auf den Knien, und versuchte messerscharf zu überlegen. Gab es eine Hoffnung, hier wegzukommen, ohne daß man ihn sofort festnahm?

Je länger er darüber nachdachte, um so sicherer schien er sich der Antwort. In Berlin würde niemand Doreen vermissen, außer vielleicht in dieser Druckerei. Aber auch dort wußten sie nichts von der Ostseereise. Kein Mensch hier oder in Berlin ahnte, daß er, Arnfried Sänger, mit dieser Frau in ausgerechnet diesem Strandhotel abgestiegen war. Und niemand außer dieser fehlsichtigen Alten hatte sie beide zusammen gesehen. Der Anmeldezettel lag noch unausgefüllt vor ihm auf dem Tisch: Fremdenmeldeblock (Geltungsbereich Bayern). Wie so was hierherkam? Er knüllte das Papier zusammen und schob es in die Tasche. Wenn er hier ungeschoren verschwinden wollte, gab es noch viel zu tun.

Er streifte seine schwarzen Lederhandschuhe über

und begann mit einem Papiertaschentuch sorgfältig alle Stellen abzuwischen, die er möglicherweise berührt haben konnte. Vom Lichtschalter angefangen über den Wasserhahn bis zur Schranktür, hinter der sein Jackett hing. Darunter stand Doreens Reisetasche. Sie hatte ihr Waschzeug und ein paar Kleidungsstücke ausgepackt. Hastig stopfte er alles in die Segeltuchtasche zurück. Auch das Nachthemd, das auf dem unbenutzten Bett lag. Er riß die Tür des Nachtschranks auf, das Schubfach. Nichts.

Er durfte nichts übersehen. Nicht die Zigaretten und das Feuerzeug. Ihre Schuhe. Auch die Hausschuhe nicht, die sie trug. Er ging um das Bett herum, ihre Füße waren locker auf den Boden aufgesetzt, als hätte sie sich nur für einen Augenblick hingelegt, und sie ließen sich so leicht bewegen wie bei einer Puppe.

Wenn er alle Spuren verwischen wollte, mußte er sie entkleiden. Zumindest mußte dieses auffällige Papageienhemd verschwinden. Er schlug das Handtuch auf, ohne ihr Gesicht zu entblößen, und zerriß das Hemd mit einem Ruck. Dann zerrte er seinen Schlafanzug unter dem Handtuch hervor. Das Blut darauf war geronnen. Vorsichtig rollte er den Pyjama in das Hemd ein.

Aufatmend sank er in den Sessel. Als er den Blick hob, leuchteten ihm aus dem Halbdunkel des Raums ihre Unterschenkel in obszöner Nacktheit entgegen. Ihm blieb nichts anderes übrig, als den erstaunlich schweren Körper, dessen Kälte er durch die Handschuhe zu spüren glaubte, auf das Bett zu ziehen, bis der vom Handtuch bedeckte Kopf auf dem Kissen lag. Erleichtert warf er die andere Bettdecke darüber. Jetzt sah alles ganz harmlos aus.

Am Garderobenhaken hingen ihr Anorak und das Umhängetäschchen: Er breitete eins der steifen Handtücher über den Tisch und schüttete den Tascheninhalt darauf aus. Abgesehen von ihrer Geldbörse mit den vierhundert Mark aus dem Automaten und der ec-Karte war nichts von Wert darin. Der Rest würde in einem Müllcontainer verschwinden. Und der Ausweis im Ofen seiner Hinterhofbehausung. Zusammen mit dem Papageienhemd und dem Pyjama.

Allmählich wurde es Zeit, von hier zu verschwinden: Doch wenn er jetzt, mitten in der Nacht, mit dem Auto startete und über die menschenleeren Straßen der Insel fuhr, würde er viel eher auffallen als in den Morgenstunden, wenn die eine oder andere Familie zu einem Weihnachtsbesuch aufbrach. Die Alte hatte ihm geraten, das Auto auf dem Parkplatz an der Kirche abzustellen, und das hatte er auch getan. Dort standen mindestens zwanzig oder dreißig Pkw, da fiel ein Berliner Wartburg nicht auf.

Ruhelos ging er einige Male im Zimmer auf und ab, bis ihm zu Bewußtsein kam, daß man ihn vom Strand aus beobachten konnte. Es war ihm unheimlich, im Dunkeln zu sitzen. Er schob den Sessel vom Fenster weg, legte die Füße auf den Tisch und dachte nach.

Das Geräusch lauter Männerstimmen auf der Strandpromenade riß ihn aus einem Alptraum. Der anklagende Blick des italienischen Kellners war auf Doreen gerichtet, und Arnfried wußte, wo der Fehler in seinem Plan lag. Der Kellner würde sich an Doreen erinnern und natürlich auch an ihren Begleiter.

Ein paar Minuten lang saß er wie gelähmt, bis ihm eine Lösung einfiel.

Er erhob sich, trat an das Bett und fuhr mit der behandschuhten Hand über die Decke, bis er sicher war, wo sich ihr Gesicht befand. Ihn schauderte vor dem, was er vorhatte. Aber wenn er frei bleiben wollte, mußte er verhindern, daß jemand sie wiedererkannte.

Sein Blick fiel auf den Nachtschrank. Mit Mühe hob er ihn hoch, lauschte einen Augenblick und stieß mit der Kante zu.

Eine halbe Stunde später schloß er mit zitternder Hand das Zimmer hinter sich ab und griff nach den beiden Taschen. Zu seinem Schreck vernahm er unten im Haus Geräusche. Der Heizkörper auf dem Treppenabsatz knackte. Wahrscheinlich setzte im Keller jemand die Heizung in Gang.

Er wartete, bis sich sein Atem beruhigt hatte. Ein Zurück gab es jetzt nicht mehr. Stufe für Stufe schlich er die schwach beleuchtete Treppe hinunter und gelangte ungesehen aus dem Haus.

Die Straßen waren wie ausgestorben. Erst als er sich der Brücke zum Festland näherte, kamen ihm zwei Fahrzeuge entgegen. Einen vor ihm fahrenden Trabant wagte er so lange nicht zu überholen, bis der abbog. Er hatte es nicht eilig. Und niemand sollte sich seine Nummer merken. Überhaupt erschien es ihm günstiger, einen Umweg zu fahren und sich Berlin aus einer anderen Richtung zu nähern. Er hatte genügend Zeit, noch einmal gründlich nachzudenken, ob er keinen Fehler gemacht hatte, und er wiegte sich in vollkommener Sicherheit, bis ihm ein Artikel in einer Wochenzeitung einfiel, in dem berichtet worden war, daß man einen Täter anhand eines einzelnen Haars identifiziert hatte. In der Haarwurzel, so hatte es geheißen, sei der genetische Fingerabdruck eines jeden Individuums gespeichert.

Er versuchte sich damit zu beruhigen, daß er sich in dem Zimmer nicht gekämmt hatte. Plötzlich sah er vor sich, wie er auf dem Bett gelegen hatte, auf dem jetzt ihr Körper …

Er blickte auf die Uhr. Kurz nach neun. Wenn die Alte mit dem Frühstück ungeduldig geworden war, hatte man Doreen vielleicht schon gefunden. Die Kriminalpolizei würde anrücken, aus Stralsund vermutlich, möglicherweise sogar aus der Landeshauptstadt. Über die Feiertage ging das da oben wahrscheinlich nicht sonderlich schnell. Bis zur Obduktion würden ein paar Tage vergehen.

Ihn durchfuhr ein so siedendheißer Schreck, daß er beinahe das Lenkrad verrissen hätte. Die Obduktion. Sie würden die Lasagne in ihrem Magen finden und davon auf den einzigen Italiener im weiten Umkreis schließen, der am Heiligabend geöffnet hatte. Und der würde seine einzigen Gäste minutiös beschreiben. Dazu ein Haar im Bett oder im Sessel ...

Das war alles Unsinn. Er war kein auffälliger Typ. Seine Personenbeschreibung traf auf Zehntausende Männer zu. Und selbst die genaueste Erinnerung eines Kellners würde Doreens Gesichtszüge nicht wieder herstellen können. Die mochten zehnmal ein Haar von ihm finden – zuerst mußten sie mal den dazugehörenden Menschen aufspüren.

Arnfried hatte sich einigermaßen beruhigt, als er den Wagen vor seiner Haustür parkte. Aus Vorsicht nahm er nur seine eigene Reisetasche aus dem Kofferraum.

Im Hof war es still. So leise wie möglich tappte er nach oben. Es roch nach Rotkohl und Gänsebraten; hinter der Tür seiner Nachbarin toste Kindergeschrei. Auch aus dem oberen Stockwerk drang ein Geräusch an sein Ohr, als bewege sich jemand im Treppenhaus. Eilig schloß Arnfried seine Tür auf und schob die Tasche in den Flur.

Es gelang ihm nicht, die Tür zu schließen. Irgendein Widerstand verhinderte das. Ein Widerstand, der sich als der Fuß eines Mannes entpuppte, der just in diesem Augenblick auf den Klingelknopf drückte.

»Herr Sänger?« fragte er, und bevor er noch seinen Ausweis herausgenestelt hatte, wußte Arnfried, wen er vor sich hatte. Dabei war das gar nicht möglich. So schnell konnten die nicht mal mit einem Hubschrauber sein, selbst wenn sein Name auf dem Anmeldezettel gestanden hätte, den er doch unausgefüllt in seiner Hosentasche …

Scheiße! Wenn die auf die Idee kamen, ihn zu filzen …

»Sie kommen von einer Reise zurück, Herr Sänger?«

Es war das beste, kein Wort zu sagen und einen Anwalt zu verlangen. Aber hätte er damit nicht etwas zugegeben?

»Ich habe bei Freunden übernachtet«, sagte er leichthin. »Ist das neuerdings wieder meldepflichtig?«

»In Ahlbeck?«

»Wieso denn Ahlbeck? In Reinickendorf.«

Er war jetzt ganz wach und ganz cool. Die sollten ihm erst mal was beweisen!

Wortlos fischte der Mann zwei dünne Bögen aus seiner Tasche und entfaltete sie. Ein Fax zeigte eine aufgeklappte Karte mit einem handgemalten Weihnachtsbaum, neben dem ein Stapel Papier lag. Für ARNI von DOREEN stand darunter.

Arnfried atmete tief. »Das muß 'ne Verwechslung sein«, sagte er. »Mich nennt alle Welt Friedo.«

Der Mann blätterte ungerührt zu dem zweiten Fax um. Auf dem sonst leeren Blatt war eine Visitenkarte abgebildet. -nfried Sänger. Dazu die Adresse. Das Ar war von einem dunklen Fleck überdeckt.

»Davon hatte die junge Dame zweihundert Stück unter dem Kopfkissen«, sagte der Mann. »Sollte wohl 'ne Weihnachtsüberraschung werden.«

Margit Schönberger

Das goldene Rössl springt nicht mehr …

Eine Erinnerung

Mit zunehmendem Alter vergisst man zwar, wo man die Brille oder den Schlüsselbund hingelegt hat, dafür tauchen immer öfter Erinnerungen auf, die man zunächst für Gaukeleien der eigenen Fantasie hält. Vielleicht ist man im Dezember dafür ja besonders anfällig.

Im letzten Jahr fiel mir am 23. Dezember siedend heiß ein, dass ich dringend die Wäsche im Trockenkeller von der Leine nehmen musste: Am Heiligen Abend darf keine Wäsche hängen, sonst kommt die »Wilde Jagd«, verfängt sich darin und man hat die bösen Geister im Haus. Dazu erinnerte ich mich sogar noch an die Melodie und die erste Zeile eines entsprechenden Liedes aus meiner Kindheit: *Das ist Lützows wilde, verwegene Jagd*. Text und Melodie gingen mir den ganzen Tag nicht aus dem Sinn. Dagegen kamen weder die Wiener Sängerknaben mit ihrem *Es hat sich eröffnet das himmlische Tor. Die Englein stürzen haufenweis hervor. Die Buabalan, die Madalan, die machen Purzigagalan* … an, und auch nicht José Felicianos *Little Drummer Boy*. Wenn die weihnachtlichen Erinnerungsschleusen einmal offen sind, gibt es kein Halten mehr. Man schrumpft innerlich auf Kindergröße, und die Vergangenheit präsentiert sich im Breitwandformat: Da liegt ein Lamettafaden vor der verschlossenen Wohnzimmertür, hinter der es manchmal ein wenig raschelt und gelegentlich sogar ein leises Klingeln zu hören ist. Den Lamettafaden hatte angeblich das Christkind verloren.

Irgendwie wurde man den ganzen Tag herumgeschubst und stand, scheint's, überall im Weg. »Schau doch mal, ob der Barbarazweig schon blüht!« Ein allzu auffälliges Ablenkungsmanöver – man durchschaute die Absicht und bockte. »Geh zum Opa und schau, ob das ›Goldene Rössl‹ schon über die Dächer springt!« Auf Opas Knien ließ es sich schon länger aushalten, der konnte so schöne Geschichten erzählen. Eben auch die vom »Goldenen Rössl«, das über die Hausdächer springt und für die Kinder die Geschenke bringt. Aber nur die braven Kinder können es sehen. Ich hab es nie gesehen, obwohl ich doch wirklich ein braves Kind war … Nie kam ich auf die Idee, zu fragen, warum das Rösslein über die Häuserdächer springt und nicht auf der Straße trabt wie andere Pferde. Oder warum das Christkind ein Pferd war. Großeltern hatten es damals noch leicht mit ihren Geschichten …

Oma machte Eisschokolade. Ich durfte Schnee von draußen holen, im ganz großen »Weitling«, einer Schüssel, in der sonst der Knödelteig zubereitet wurde. In diese schneegefüllte Schüssel kamen kleine Blechförmchen – Engel, Pferdchen, Tannenzapfen, Christbäume –, und in die wurde heiße Schokoladenmasse gegossen, die im Schnee abkühlte. (Als Erwachsene habe ich noch nie so minderwertige Schokolade gegessen, in der die Grießzucker-Kristalle noch ganz waren und knirschten. Und nie wieder hat mir Schokolade so gut geschmeckt wie damals.) Und dann beschloss Großmutter, dass wir dem Christkind helfen sollten. Sie tat sehr geheimnisvoll, rückte schließlich mit einer großen Tüte Himbeerbonbons heraus, die ich in pastellfarbiges Seidenpapier mit Seitenfransen einwickeln durfte. Die Enden wurden kunstvoll gezwirbelt, die Fransen sollten links und rechts richtig zur Geltung kommen.

Dabei erzählte sie mir die Geschichte der heiligen Barbara, die Christin geworden war, obwohl ihr heidnischer Vater es verboten hatte. In ihr Gefängnis konnte sie nur eine kleine Pflanze mitnehmen, die dort zu blühen begann. Und daraus ist der Brauch des Barbarazweigs geworden.

Großvater erzählte, wie er früher auf seinem Hof am Heiligen Abend mit einer Räucherpfanne durch alle Ställe ging, damit die Tiere im kommenden Jahr gesund blieben. Die ganze Familie und alle Knechte und Mägde gingen mit. Auch meine Mutter und meine Tante, als sie noch klein waren. Großmutter hatte noch einen Kochherd, der mit Holz geheizt wurde, und bei Großvaters Erzählung legte sie ein kleines Stückchen Weihrauchharz auf die Ofenplatte. Es roch sofort wunderbar nach Kirche, und ich verstand, warum dieser Tag Heiliger Abend hieß. Bei all diesen Geschichten verflog die Zeit beim Bonboneinwickeln schnell, und die bunte Pracht verschwand mit Mutter im Wohnzimmer, vor dem immer noch ein Silberfaden lag und in dem es immer noch leise raschelte. Großmutter fand noch eine Beschäftigung für mich: Sie zeigte mir, wie man eine Orange über und über mit Gewürznelken besteckt, was einen wunderbaren weihnachtlichen Duft ergibt.

Der letzte Kontrollgang, auf den man mich schickte, ergab, dass inzwischen tatsächlich ein paar Blüten des Barbarazweigs aufgeblüht waren. Damit war sichergestellt, dass im kommenden Jahr Glück und Segen auf unserem Haushalt lagen. Mit dieser guten Nachricht wurde zum Weihnachtsessen gerufen. Nudelsuppe mit Frankfurter, nur Papa bekam weiße Würstchen. Danach verschwand Vater hinter der verschlossenen Tür, und als das Zischen der schwefeligen »Sternspritzer« zu hören und zu riechen war, ging die Tür auf … und es war so hell und strahlend, wie wohl fast überall am Heiligen Abend in unseren Breitengraden.

Der Erinnerungsbreitwandfilm zeigt noch, wie sorgfältig wir das Weihnachtspapier glatt strichen und falteten, aus dem wir die Geschenke auspackten. Immer nur eines, damit alle dem Beschenkten zuschauen und sich mit ihm freuen konnten. Und für mich war immer auch ein Geschenk dabei, das ich schon zur Mitternachtsmette mitnehmen und stolz herzeigen konnte. Aber nicht nur mit dem weihnachtlichen Geschenkpapier wurde sorgfältig umgegangen: Die goldenen und silbernen Bänder drumherum wurden über Tischkanten wieder geglättet und fürs nächste Jahr aufgehoben. An diese Gepflogenheit muss sich wohl auch Loriot erinnert haben, als er seinen Film *Weihnachten mit Hoppenstedts* drehte, in dem die Protagonisten beim Öffnen der Wohnungstür vom Geschenkpapiermüll der Nachbarn überflutet wurden.

Vor ein paar Jahren wollte ich einen Nostalgie-Weihnachtsbaum machen, um diese Kinderweihnachtsgefühle einzufangen. Die Imitate der alten Kugeln waren noch zu bekommen, sogar die Paradiesvögel mit den schimmernden Glasfaser-Schwanzfedern. Aber nicht die Süßigkeiten von damals, die am Baum hingen und die ja Teil der Weihnachtsgeschenke waren. Wir Kinder durften sie nur mit ausdrücklicher Erlaubnis und jeden Tag maximal zwei davon vom Baum nehmen. Ich fand ihn nirgendwo mehr, den süßen Baumschmuck von damals. Nicht die pastellkitschfarbigen Baiser-Kringel in Lindgrün, Rosa, Weiß und Zartgelb, die bei uns »Spanischer Wind« hießen, beim Abbeißen bröselten (weshalb man gescholten und sofort um Besen und Kehrschaufel geschickt wurde) und im Mund so schön krachten, wenn man sie mit der Zunge gegen den Gaumen drückte. Und auch die wunderbaren Fondantkringel von damals in allen Farben, mit ganzem oder halbem Schokoladenüberzug habe ich nirgendwo mehr entdeckt. Sie waren meine auf der Zunge zergehenden Lieblinge und verführten zum Stibitzen. Aber am allerschönsten und am begehrenswertesten waren die alkoholgefüllten Schokofläschchen mit den Aufschriften »Cognac«, »Rum«, »Eierlikör« und »Brandy« auf Stanniolpapier, versehen mit niedlichen Aufhängerschleifchen. Sie waren für uns absolut tabu, standen einzig und allein Vater zu und waren abgezählt. (An ihrem Beispiel hat mich das Leben früh gelehrt: Wo ein Wille ist, ist auch ein Weg.) Nicht mehr zu bekommen. Und das jetzt, wo ich endlich dürfen würde.

Inzwischen gibt es bei uns einen Salzburger Bauernchristbaum. Ganz ohne Süßes. Nur mit Bienenwachskerzen, Strohsternen, Nüssen an roten Bändern und kleinen Weihnachtsäpfelchen, auf Hochglanz poliert. Letztere musste ich vor ein paar Jahren zu meinem Leidwesen gegen Pappmaché-Äpfelchen austauschen, weil die EU-Vorschriften den kleinen Weihnachtsäpfeln die Existenzberechtigung absprachen. Dabei haben die Wintervögel sie geliebt, wenn ich sie an Heilig-Drei-König nach dem Christbaumabräumen in die Gartenbäume gehängt habe.

Aber so lange unsere Breitwanderinnerung noch funktioniert, ist ja noch nicht alles verloren. Nur das »Goldene Rössl« springt, fürchte ich, schon lange nicht mehr über die Dächer.

Apfel, Nuss und Mandelkern

Nichts hat die kulinarischen Fantasien der Deutschen über die Jahrhunderte ähnlich stark inspiriert wie die Advents- und Weihnachtszeit. Sie ist der kulinarische Höhepunkt des Jahres, da wird gefeiert, gegessen, getrunken – geschwelgt! Ahnen Sie, wie viel Gänsefleisch die Deutschen zu Weihnachten verzehren? Etwa 25 000 Tonnen (Sie wissen: Das sind 25 Millionen Kilogramm). Sie kaufen – und vermutlich essen sie auch – mehr als 100 000 Tonnen Lebkuchen und 16 000 Tonnen Schokoladenweihnachtsmänner. Das sind etwa 162 Millionen einzelne Schokomänner, also ziemlich genau zwei pro Bundesbürger. Bei solchen Zahlen fällt es schwer zu glauben, dass der Advent einmal eine Buß- und Fastenzeit war, die am 12. November begann.

Von diesem vorweihnachtlichen Fasten ist schon lange keine Rede mehr, und 1917 wurden schließlich auch katholische Geistliche vom Adventsfasten entbunden. Allerdings tragen sie in der Vorweihnachtszeit violette Gewänder wie in der vorösterlichen Fastenzeit. Der Karpfen als traditionelles Heiligabend-Essen erinnert daran, dass gerade an diesem Tag besonders streng gefastet werden musste. (Wenn Sie eine Schuppe dieses Karpfens aufheben und im Geldbeutel mit sich tragen, werden Sie im neuen Jahr nie ohne Geld sein. Heißt es.)

Jede Region hat Spezialitäten, die es früher nur dort und nur in den wenigen Dezemberwochen und an Weihnachten gab. Das verlieh der Weihnachtszeit einen besonderen Zauber. Denken Sie an Aachener Printen, Nürnberger Lebkuchen, Dresdner Stollen – dessen Form übrigens an das in Windeln gewickelte Christuskind erinnern soll. Sogar etwas vermeintlich Banales wie die »schlesische Bratwurst« wurde zu etwas Besonderem, wenn es sie, wie in Schlesien üblich, nur einmal im Jahr gab, nämlich an Heiligabend.

Würstchen – Schlesische, Thüringer, Wiener oder Frankfurter – und Kartoffelsalat sind angeblich des Deutschen liebstes Heiligabendessen. Das ist schnell gemacht und schlicht, und es lässt sich gut vorbereiten, bevor es in den folgenden Tagen arbeits- und kalorienreich weitergeht. Von solchen vernünftigen Erwägungen hielt man im Erzgebirge nichts. Dort schuf man sich an Heiligabend mit dem *Neinerlaa* eine mehr als solide Grundlage für die kommenden Festtage.

Wie bei Spezialitäten üblich ist dort jede Familie im Besitz der einzig authentischen Rezepte für die insgesamt neun Gerichte, die Zusammenstellung des opulenten Mahls variiert allerdings. Das konnten »Sauerkraut und Rotkraut, Linsen, Gänsebraten, grüne Klöße mit einem gerösteten Semmelwürfel in der Mitte, Milchsuppe mit eingeweichter Semmel, Bratwurst, Selleriesalat und rote Beete« sein, andere wollten keinesfalls auf »Hering mit Apfelsalat« oder »Schweinebraten« verzichten. Als (unerwähnter) Zehnter sollte wohl ein Verdauungshelfer bereitstehen. Infrage käme ein 60%-iger Kräuterschnaps mit dem vielversprechenden Namen *Grubenfeuer*, der als sächsische Spezialität gehandelt wird.

Eine Internetseite namens »Sachen genießen« verrät, welche Hoffnungen für das kommende Jahr die *Neinerlaa*-Gerichte symbolisieren:

1. Bratwurst, »doß mr Harzhaftigkeit un Kraft bewohrt«;
2. Sauerkraut, »damit ens Labn net sauer wird«;
3. Linsen, »doß ens kleene Gald net ausgieht«;
4. Klöße, Karpfen, Hering, »doß es net an grußen Gald fahlt«;
5. Gans, Schweinebraten, Kuhhase (Kaninchen), »doß ens Glück trei bleibt«;
6. Kompott, »doß man sischs ganze Labn free kah«;
7. Semmelmilch, »doß en de Nos net truppt in neie Gahr (neue Jahr)« oder Buttermilch, »doß mr ka Kuppwiding (Kopfschmerzen) hat«;
8. Nüsse oder Mandeln, »doß dr Lebenswogn gut geölt durchs neie Gahr fährt«;
9. Pilze oder rote Rüben bringen »Freed un Glück und rute Backen«.

Mit diesem Essen endete im Erzgebirge die Fastenzeit, daher wurde es nach der Christmette serviert. Der berühmte Stollen durfte sogar erst nach dem mitternächtlichen Bergmanns-Gottesdienst angeschnitten werden.

Noch üppiger als die Sachsen ihren Heiligabend feierten früher die Mecklenburger Silvester. Am »Olljohrsabend« kamen nicht weniger als dreizehn Gerichte auf den Tisch: Brot, Butter, Schweineschmalz, Gänseschmalz, Sauerfleisch, gepökelter Schweinekopf, Mettwurst, Presskopf, Leberwurst, Leberkäse, Spickgans, Speck und Kuchen. Für diese Speisenfolge wurde zuvor fraglos ein Schwein geschlachtet.

Anderenorts ging es dem Tier schon früher an den Kragen: Bis ins sechzehnte Jahrhundert hinein war Schweinebraten – die sogenannte »Mettensau« – das traditionelle Weihnachtsessen.

Wie fast jedes Winteressen in ganz Europa basieren auch die deutschen Weihnachts- und Silvesterspezialitäten auf Eingemachtem, Eingesalzenem, Gepökeltem und Vergorenem (Weiß- und Rotkraut). Vieles wurde lange vor Weihnachten eingelagert oder eingemacht, gekauft wurde wenig, frisches Obst und Gemüse gab es im Winter natürlich nicht. Zum Festtag wurde frisch geschlachtet, manches in Wald, Bach und See gefangen, hinzu kamen Milchprodukte aus dem eigenen Stall.

Bei den kulinarischen Gebräuchen spielten oft Zahlen eine wichtige Rolle, wie die neun Heiligabend-Gerichte im Erzgebirge. Keinesfalls durfte an diesem Abend eine ungerade Zahl Kartoffelklöße aufgetragen werden, auch die Zahl der Gäste am Tisch durfte nicht ungerade sein, »sonst stirbt einer aus der Familie«. Notfalls wurde für einen weiteren Gast gedeckt, der noch hätte kommen können.

In Pommern gab es *Weihnachtsnudelgans*. Dieses eigenartige Tier ist keine Gans mit oder gar aus Nudeln, sondern eine mit Kartoffeln zwangsgemästete Gans. Sie war *genudelt* worden, denn als die Kartoffel Ende des achtzehnten Jahrhunderts in Pommern eingeführt wurde, hieß sie dort (wer weiß, warum?) »Nudel«. Die pommersche Gansfüllung bestand übrigens aus Äpfeln, Schwarzbrot, Rosinen und Zucker.

Bei der Gansfüllung wären der Fantasie kaum Grenzen gesetzt – gäbe es da nicht die regionalen und familiären Überlieferungen. Denn sie bestimmen kategorisch, was die richtige, die einzig wahre Gansfüllung ist. Wenige Köchinnen schieben ihre Gans mit Äpfeln, Maronen oder gar Hackfleisch gefüllt in den Ofen, wenn in Mamas Gans nie etwas anderes als Semmelfüllung mit klein geschnittenen Innereien steckte!

Die Gans ist der Deutschen liebster Weihnachtsvogel, nicht umsonst seufzen Rheinländer und Berliner in seltener Eintracht: »Ne jut jebratene Jans is 'ne jute Jabe Jottes.« Gleich hinter der Gans folgt in der Gunst der Deutschen die gebratene Ente. Sie ist ebenfalls festlich, aber angesichts geschrumpfter Familien und wachsender Taillen zeitgemäßer, denn Enten sind kleiner und magerer als Gänse.

Wer an Weihnachten denkt, denkt immer auch an bestimmte Gerüche: der Duft von Gans oder Ente, wenn sie gebraten aus dem Ofen kommen, die Duft-Mischung aus Tannennadeln, Orangen, Mandarinen, die vielen Gewürze der Weihnachtsbäckerei …

Kann es wirklich sein, dass bisher kaum ein Wort über Weihnachtsbäckerei gefallen ist? Noch nichts über Früchtebrote, Lebkuchen, Stollen, Marzipan, Dominosteine? Und nichts über die schwindelerregende Vielfalt an Weihnachtsplätzchen: Eine enthusiastische Bäckerin hat sage und schreibe 1055 (!) Weihnachtsplätzchenrezepte gesammelt und ins Netz gestellt. Oft verrät schon der Name, woher ein Plätzchen stammt: Preetzer Eierkringel, Fränkische Mandeloblaten, Bemalte Oberpfälzer Butterplätzchen, Münchner Butterplatzerl, Mecklenburger braune Pfeffernüsse. Nun gut, das gilt auch für »DJ Ötzis Weihnachtskekse«. Aber davon wollen wir hier schweigen.

Eine besondere Art von Plätzchen sind Aachener Printen, süddeutsche Springerle, Spekulatius aus dem Rheinland und Westfalen. Ihnen gemeinsam ist, dass vor dem Backen mit einem geschnitzten Holzmodel Motive in den Teig gedrückt werden. Solche Gebildegebäcke gibt es seit Jahrtausenden. Das Wort *Model* geht übrigens auf das lateinische *modulus* zurück, was im Deutschen zu *Modul* wurde. In Schwaben sind

Springerle seit jeher auch Christbaumschmuck; in reichen Familien dekorierte man sie sogar mit echtem Blattgold!

Die Weihnachtsbäckerei unterscheidet sich in einem wichtigen Punkt von allen anderen Weihnachtsköstlichkeiten: Während die meisten Zutaten für die Festmahlzeiten aus der Region oft genug vom eigenen Bauernhof stammten, musste für die Bäckerei vieles gekauft werden. *Spezereien* – ein altes Wort für Gewürze – waren exotisch, selten, begehrt – und teuer. Zucker wurde in Europa erst seit den Dreißigerjahren des neunzehnten Jahrhunderts aus Rüben gewonnen. Davor gab es zum Süßen nur Honig und Zucker aus Zuckerrohr. Der Zucker musste also ebenso Gramm für Gramm aus fernen Ländern importiert werden wie Anis, Nelken, Piment, Zimt, Kardamom, Muskat, Vanille und andere Gewürze, wie Schokolade und die stückigen Zutaten Rosinen, Korinthen, Orangeat, Zitronat. Je mehr Gewürze für ein Rezept gebraucht wurden, umso kostbarer waren die Plätzchen. Daher verlangt süßes Backwerk seit Jahrhunderten nicht nur Fantasie, sondern auch außerordentlich große Sorgfalt. Ein verbranntes Blech Lebkuchen war nicht, wie heute, ein ärgerliches Missgeschick, es war eine nicht wiedergutzumachende Katastrophe.

Heute können wir dank hervorragender Transport- und Konservierungsmöglichkeiten jederzeit und überall alles kaufen. Aber wer hat sich nicht schon über die Berge von Lebkuchenpackungen geärgert, die Ende

August im Supermarkt auftauchen und obendrein mit dem Slogan »Für alle, die nicht warten wollen« angepriesen werden! Wer noch weniger warten und den Sommerurlaub mit beseelten Weihnachtsfreuden verbinden will, dem sei die Sommerweihnacht (!) einer Dresdner Bäckerei empfohlen. Sie verkauft am 24. Juni Christstollen und Weihnachtsplätzchen, umrahmt von Weihnachtsmann, Glühwein und aufgeputztem Weihnachtsbaum.

Vincent Klink

Die Weihnachtsgans

In den fünfziger Jahren leistete sich mein elterlicher Tierarzthaushalt noch eine Hausangestellte. Frau Slonek, die stets fidele Glucke mit grausträhniger Bürzelfrisur, war immer in eine Kittelschürze gepackt. Die war viel zu eng und modellierte deutlich vertrauenerweckende Hüften. Sie redete im Singsang der böhmischen Mehlspeisenvirtuosen. In der Küche hantierte sie souverän und verlieh unserem Haushalt wienerische Großzügigkeit. Im Grunde war – für damalige Verhältnisse – jeder Tag ein Fest. Übergewicht war obligat, und so nahm meine Kindheit ihren Lauf. Kaum von der Schule zu Hause, war ich bereits wieder am Naschen. In der Adventszeit wurden täglich Vorräte für die Weihnachtszeit gebacken: Springerle, Kokosmakronen, Lebkuchen, Rosinenbrötle und vielerlei ausgestochene Mürbteigplätzchen. Ich suchte mir die besten aus, was bei der temperamentvollen Zuckerbäckerin keineswegs Beifall hervorrief. Sie scheuchte mich mit den Armen wedelnd weg, so wie man einen unangenehmen Geruch vertreibt.

Drei Tage vor Weihnachten war es dann so weit. Die Weihnachtsgans musste ins Haus. Mit Opa, Oma und deren Haushälterin Agathe wurde in aller Herrgottsfrühe die Reise ins Nördlinger Ries angetreten. Das ist ein fruchtbarer, mit Humus gefüllter Krater, den der Einschlag eines riesigen Meteoriten verursacht hatte. Eine Bauerngegend, die von der Industrialisierung und den Zeitläuften bis in unsere Tage vergessen wurde.

»Opa, schalten!«, brüllte ich aus Leibeskräften – der VW zwölfhundert mit Arschbackenfenster pfiff bei »achtzig Sachen« im dritten Gang wie ein Kampfhubschrauber beim Alarmstart. Opa war stocktaub. Von unten prasselte der Rollsplitt und links zog der Ipf vorbei. Wie jedes Mal wurde ich von dem pensionierten Oberstudienrat zur Landschaft examiniert. Der Ipf war immer Gegenstand engagierten Unterrichts, sodass mit dem Auto kaum die Spur gehalten wurde. Der Berg ist bemerkenswert glatzköpfig, eben wie ein Brotkipf.

Von der Bundesstraße waren wir bereits abgebogen, und auf dem Kalkweg zogen wir einen Kondensstreifen falben Staubs hinter uns her. Unser Ziel kam in Sicht. Der Kirchturm Zipplingens lugte zwischen längsziselierten Äckern hervor. Die Felder waren noch nicht umgepflügt, und einige Gänseherden stocherten in Haferstoppeln.

»Ohne stopfen wird die Gans nur ein Hungerling.« Das war Theresens These. Die Bäuerin war sozusagen die Gänseliesel. Hier auf dem Hof der Oettles, auch »der untere Schmied« genannt, verbrachte ich immer meine Sommerferien. Oft hatte ich Gelegenheit, das Gänsestopfen zu beobachten. Allerdings aus sicherer

Entfernung. Ich war ein kleiner frecher Angsthase. Die Gänse fürchtete ich mehr als alles andere auf der Welt. Wer das Fauchen des erzürnten Federviehs je vernahm, bleibt ein für alle Mal in respektvoller Distanz. Gänse sind ernste Tiere, mit strengem Blick und arrogantem Selbstbewusstsein. Jeder Stolz kam ihnen jedoch abhanden, wenn Therese sie auf einem Hocker vor dem Haus sitzend hernahm. Den langen Rock zwischen den Knien nach hinten geschlagen, packte sie eine Gans am Hals und klemmte sie zwischen ihre Schenkel. Der riesige Ganskörper war vom Rocktuch völlig begraben und der Kopf ruhte am Busen der Bäuerin. Gänse sind sinnlich und mögen das. Sie sind auch verfressen, und sie umringten zankend den Ort der Speisung. Jede wollte zuerst die Schupfnudeln aus Haferschrot und Wasser in den Hals gedrückt bekommen. Sommers waren noch gehackte Brennnesseln untergemischt. Da konnte das unvergleichliche Aroma nicht ausbleiben, das meine Großeltern jedes Jahr voller Vorfreude auf den Weihnachtsschmaus nach Zipplingen trieb. So wurden Prioritäten vorgegeben. Eine Gans kostete so viel wie ein Paar neue Schuhe. Wichtiger war die Gans.

Opa war in Sorge, ob die Gänse auch dieses Jahr optimal gediehen waren. Ungeduldig stürzten alle nach wärmendem Kathreiner-Kaffee ins Freie. In Gedanken an knusprige Bruststücke ging man in den Wind, der von Schloss Baldern herabwehte. Ein Stück des Feldwegs, und man fand sie. Die Gänseherde schnäbelte am Wiesenbächlein. Therese kannte jedes Tier mit Namen und die Auswahl erfolgte nach simplem Rezept. »A Weible isch zart«, hat zwar mehr Fett, ist aber dem größeren Gänserich geschmacklich voraus. Opa hatte traditionell ein Stückchen der roten Schleife des Adventskranzes abgeschnitten, und Therese stülpte es der schönsten Gans über den Kopf. Die Stoff-Halskrause rutschte locker bis zum Bauchansatz hinab und prangte wie ein Orden. Die Gans war mindestens fünf Kilo schwer und nun für uns reserviert und geadelt. Niemand wäre je auf den Gedanken gekommen, dass die Auszeichnung ein Todesurteil signalisierte.

Man saß wieder in der großen Küche, die vom Brotbackofen gewärmt wurde. Most wurde in Senfgläschen ausgeschenkt, und ich bekam Milch. Speck und Bauernbrot gab es dazu. Opa kaufte einen ganzen Schinken und übergab Therese den mitgebrachten Koffer, in den einzeln in Zeitungspapier gewickelte Eier gepackt wurden. Die Eier waren in der backwütigen Weihnachtszeit besonders wichtig. Es wurde Zeit für den Heimweg, der unbedingt noch bei Tageslicht zurückgelegt werden wollte. Kurzer, aber herzlicher Abschied, nachdem der Bäuerin das Geld in die Hand gezählt worden war. Oma musste noch irgendwelche Mitteilungen an die Bäuerin loswerden, von deren Wichtigkeit mein Opa gar nicht überzeugt war. Er saß im Auto und hupte ungehalten. Wir holperten in gemächlicher Fahrt an den hohen Pappeln entlang der Hauptstraße zu. Opa hatte, wenn auch nicht viel, so aber für seine maßvollen Gewohnheiten reichlich Most intus. Er konzentrierte sich angespannt, um nicht von der Straße abzukommen. Agathe saß vorne mit gerecktem Hals sozusagen auf »Ausguck«. »Langsam, Kurve, Stopp, rechts ab«, gab sie ihre Navigationskommandos. Ich war dafür zuständig, dass immer wieder mal geschaltet wurde und der ständig hochheulende Motor Erholung bekam. Oma neben mir sinnierte mit nach innen gerichtetem Blick. In der Gewissheit der wöchentlichen Beichte und Absolution war sie durch nichts zu ängstigen. Den Eierkoffer auf ihrem Schoß umklammerte sie wie eine Eroberung.

Rezept für Mürbteigplätzchen

Ob man sie Mürbteigplätzchen oder Buttergebäck nennt: Sie sind überall zu Hause. Für Kinder ist dies vielleicht das vergnüglichste Backwerk, weil sich dabei so wunderbar mit Ausstechern, Zuckerguss und allerlei Zierrat hantieren lässt. Wer es geschmacklich erfrischender mag, fügt dem Teig recht viel frisch abgeriebene Zitronenschale hinzu und glasiert mit Zitronenzuckerguss. Aufwendiger sind Spitzbuben aus dem gleichen Rezept: Dafür werden runde Plätzchen ausgestochen, bei denen man zur Hälfte wiederum die Mitte in Herz-, Stern- oder Kreisform aussticht. Sie werden mit erwärmter Marmelade zusammengesetzt und mit Puderzucker bestäubt.

250 g weiche Butter mit *250 g Zucker* schaumig rühren. *3 Eier* (sollte bei Ihnen Eigelb-Überschuss herrschen, können Sie 1 Ei und 3 Eigelb nehmen), etwas *Salz* und *Vanille* unterrühren, dann mit *500 g gesiebtem Mehl* schnell zu einem glatten Teig kneten. In Klarsichtfolie einschlagen und 1 Std. im Kühlschrank ruhen lassen. Möglichst dünn ausrollen und beliebig ausstechen. Die Plätzchen können mit *Eigelb* bestrichen und halben *Mandeln* besetzt oder nach dem Backen mit *Zuckerguss* verziert werden. Auf gebutterten oder mit Backpapier ausgelegten Blechen im vorgeheizten Ofen bei 200°C gut 10 Min. backen.

Wir feiern eigentlich nicht Weihnachten

»Wir feiern nicht Weihnachten« – das ist der klassische Weihnachtshasser-Satz. Er kann aber auch andere Gründe haben, denn in Deutschland leben viele Menschen, die nicht Weihnachten feiern, weil sie keine Christen sind, sondern Juden oder Moslems. Das Fest zur Geburt Jesu hat für sie traditionell keine Bedeutung. Aber da sie in Deutschland leben, können sie den allgegenwärtigen Weihnachtsvorbereitungen ebenso wenig entgehen wie wir. Manche verbinden die beiden Kulturen, in denen sie leben – und feiern ein bisschen Weihnachten.

Die Juden begehen im November/Dezember Chanukka. Das ist ein wichtiges Fest, das an die Wiedereinweihung des Tempels zu Jerusalem im Jahr 164 v. Chr. erinnert. Es hat also völlig andere Ursprünge als das christliche Weihnachtsfest. Aber auch Chanukka ist ein Lichter- und ein Familienfest. An acht aufeinanderfolgenden Tagen werden acht Kerzen entzündet und die Kinder bekommen Geschenke.

Schon vor etwa einhundert Jahren begannen assimilierte Juden, die als Minderheit in einer christlichen Gesellschaft lebten, die jüdische und die christliche

Winterfeier miteinander zu verbinden. Sie wahrten die jüdischen Traditionen, aber sie stellten auch einen geschmückten Baum auf. Das hat bemerkenswerte Dekorationsgegenstände zur Folge gehabt, genannt seien nur Christbaumkugeln mit einem aufgemalten Davidstern oder Weihnachtsmänner, die einen Chanukkaleuchter mit acht Kerzen halten. Bei so viel Vermischung ist es nur logisch, dass es für dieses »Mischfest« auch ein »Mischwort« gibt. Die Juden nennen es mit ironischem Augenzwinkern *Weihnukka*.

Weihnukka könnte die Reaktion auf das Quengeln jüdischer Kinder gewesen sein, die im Dezember auch so einen schönen bunten Baum haben wollten wie ihre Schulfreunde. Vielleicht wollten die Eltern auch nicht, dass ihre Kinder sich von etwas, was für ihre gleichaltrigen Freunde so ungeheuer wichtig war, völlig ausgeschlossen fühlen. Genau so mag es auch Muslimen ergehen, die in einem christlichen Land leben. Der Islam hat kein entsprechendes Lichterfest im Dezember, aber der Koran erkennt Jesus als Prophet an (das tun die Juden übrigens auch). Viele muslimische Familien schmücken ihre Wohnungen, stellen einen Weihnachtsbaum auf und machen sich Geschenke, ohne dass sie der christlichen Botschaft des Festes eine Bedeutung beimessen würden. Sie feiern Weihnachten nicht aus religiösen Gründen, sondern weil sie es schön finden und weil es ein wunderbares Familienfest ist. Damit unterscheiden sie sich nicht von vielen Deutschen, auch wenn diese christlich aufgewachsen sind.

Angelika Schrobsdorff

Lauter dummes Zeug

Mit viereinhalb kam Else in die sogenannte Spielschule und dadurch zum erstenmal mit christlichen Kindern in Berührung. Die waren genauso wie sie, lachten wie sie, spielten wie sie, trieben Unfug wie sie, sprachen wie sie. Doch als sich Weihnachten näherte, trat eine Veränderung ein. Die Kinder sprachen anders als sie, sprachen nur noch über Dinge, von denen sie nie zuvor gehört hatte: Vom Christkind und Weihnachtsmann, von Joseph, Maria und den drei Heiligen Königen, darunter ein Mohr. Sie sprachen von Geschenken, Weihnachtsbäumen, Engeln, Christsternen und Krippen mit sämtlichem Zubehör: Jesuskindlein, das hochheilige Paar, Esel und Ochs.

»Lauter dummes Zeug«, sagte Minna, als ihre Tochter sie mit Mitteilungen und Fragen bestürmte, »hör nicht hin.«

Doch Else hörte hin, dachte an nichts anderes mehr, träumte davon. Kurz vor dem großen Fest wurde in der Spielschule ein Weihnachtsbaum aufgestellt und von den Kindern herrlich bunt und glitzernd geschmückt. Sie standen mit gefalteten Händen davor und sangen ein Weihnachtslied nach dem anderen. Else, die ja schon mit eineinhalb Jahren *Fuchs, du hast die Gans gestohlen* singen konnte, schnappte die Lieder sofort auf und sang sie zu Hause ihren Eltern vor. Die zuckten bei dem *holden Knaben im lockigen Haar* zusammen und beschlossen, Else während derart gefährlicher Feiertage nicht mehr in die Spielschule gehen zu lassen. Aber der Schaden war bereits angerichtet. Das Kind wollte unter allen Umständen einen Weihnachtsbaum. Es tobte und schluchzte so lange, bis die Eltern, zermürbt und selber den Tränen nahe, ein kleines Bäumchen anschleppten, dazu ein paar Kugeln und Lametta. Kerzen gab es keine, denn Daniel hatte panische Angst vor dem Brand und war in diesem Punkt fest entschlossen, den *Gojim naches* nicht nachzugeben. Als nun die Tanne, karg geschmückt, dastand und Else mit gefalteten Händen *Stille Nacht, heilige Nacht* anstimmte, klingelte es. Daniel, Böses ahnend, lief zur Tür, spähte durchs Guckloch und sah einen aufgefächerten weißen Bart und einen großen schwarzen Hut. Wenn das kein Zeichen des Herrn war, was war es dann! Er rannte ins Zimmer zurück, packte das Bäumchen und warf es in die Besenkammer. Daraufhin warf sich Else auf den Boden und brüllte nach ihrem Weihnachtsbaum. Der Großvater, endlich hereingelassen, stand auf der Schwelle und betrachtete stumm und ernst die Szene: seine Enkelin, die vom bösen Geist besessen war, seinen Sohn, dem der Schweiß über das Gesicht lief, seine Schwiegertochter, die weiß wie die Wand war. Die Kleine sei vollkommen überkandidelt, sagte Minna schließlich, und das sei ja auch kein Wunder bei diesem ganzen Weihnachtsrummel.

Überall Weihnachtsbäume, sagte Daniel, und jetzt habe das Kind Fieber und fantasiere.

Else wurde ins Bett gesteckt, und Minna setzte sich zu ihr und streichelte ihr heißes, verzweifeltes Gesicht. Es gäbe Wichtigeres als Weihnachtsbäume, tröstete sie, und morgen würde sie die Chanukka-Kerzen anzünden.

Am nächsten Tag nahm Daniel seine Tochter auf den Schoß und weihte sie in das Judentum ein. Er erzählte ihr von einem Tempel im fernen Morgenland, der zerstört, und von einem Volk, das in die ganze Welt zerstreut worden war. Er erzählte ihr von einem einzigen Gott, der keinen weißen Bart und schon gar nicht einen Sohn hatte. Und der sei ihr Gott. Else fand die Geschichte vom Christkind schöner, und ein Gott, der kein Gesicht und keinen Familienanhang hatte, sagte ihr auch nicht zu.

Es war der erste Sprung im heilen Leben der kleinen Else, und wenn sie überhaupt etwas verstanden hatte, dann das, daß sie aus merkwürdigen Gründen anders war als die Kinder in der Spielschule und darum nie mehr einen Weihnachtsbaum in der eigenen Wohnung haben würde.

Deniz Başpınar

Ö Tannenbaum

Jedes Jahr zur Adventszeit fragen sich die Türken, warum sie eigentlich nicht auf die Idee mit Weihnachten gekommen sind. Es wäre doch so naheliegend! Das opulente Weihnachtsdekor in Rot und Gold entspricht ganz dem ästhetischen Empfinden des Morgenlandes. Gehen Sie mal in ein türkisches Export-Import-Geschäft und Sie verstehen, was ich meine.

Dann die Geschichte von der Geburt und Kreuzigung Jesu. Armut, Verrat, Leiden! Alle türkischen Filme handeln seit eh und je davon. Und die Sache mit den Schuhen, die vor die Türe gestellt werden, kennen wir auch – nicht nur zu Nikolaus.

Deshalb verwundert es nicht, dass immer mehr Türken in Deutschland heutzutage Weihnachten feiern. Ganz undogmatisch und befreit von jedem religiösen Bezug nehmen sie es als eine Gelegenheit zum festlichen Beisammensein.

Das war nicht immer so. Für viele türkische Migranten meiner Generation ist das Weihnachtenfeiern auch eine Art Traumabewältigung. Wir sind mit Gastarbeiter-Erziehungsberechtigten aufgewachsen, die nicht verstanden, warum das Kind plötzlich seine Stiefelchen putzte, bevor es sie vor die Tür stellte.

Wir langweilten uns in den Weihnachtsferien zu Tode mit der 530. Wiederholung von Ben Hur. Und nach den Schulferien mussten wir uns voller Neid anhören, was unsere deutschen Freunde alles geschenkt bekommen hatten. Als Kinder fragten wir uns, was der Weihnachtsmann wohl gegen Türken habe.

Später dann, als wir verstanden, dass es keinen Weihnachtsmann gibt, sondern nur unsensible Gastarbeiter-Eltern, waren wir froh, dass wir nicht teilhaben mussten am Konsumterror um uns herum. Wir rechneten aus, was uns das Ganze kosten würde, müssten wir die weitläufige Verwandtschaft beschenken. Zum Glück hatten wir ja damit nichts zu tun.

Irgendwann aber fingen wir an, Weihnachten als das Fest der Übriggebliebenen zu feiern, wenn alle deutschen Freunde zu ihren Familien fuhren. Wir kochten, luden auch die iranischen und afghanischen Freunde ein, stellten einen kleinen Weihnachtsbaum auf und redeten uns ein, das sei nur ein ironisches Zitat.

Jetzt haben die meisten von uns Kinder, die Ironie dient nur noch als Vorwand. Wer will schließlich in enttäuschte und vorwurfsvolle Kinderaugen blicken? Also wird Weihnachten gleichberechtigt neben Bayram, dem islamischen Zucker- oder Opferfest, gefeiert. Mit Weihnachtsbaum, Käse-Fondue und Wichtel-Geschenken.

Einmal haben wir aus Neugier sogar eine Mitternachtsmette besucht. Der Steinboden war kalt, es zog in der Kirche, aber der katholische Prunk entschädigte uns. Nur ganz zum Schluss sind wir aufgeflogen. Als wir nämlich bei der Entgegennahme der Hostie »Danke« statt »Amen« sagten.

Joe Lederer

Die Kupfermünze oder Das Geschenk des Glücks

Einmal habe ich eine Zeitlang in China gelebt. Ich war im Frühling in Shanghai angekommen, und die Hitze war mörderisch. Die Kanäle stanken zum Himmel, und immer war der ranzige, üble Geruch von Sojabohnenöl in der Luft. Ich konnte und konnte mich nicht eingewöhnen. Neben Wolkenkratzern lagen Lehmhütten, vor denen nackte Kinder im Schmutz spielten. Nachts zirpten die Zikaden im Garten und ließen mich nicht schlafen. Im Herbst kam der Taifun, und der Regen stand wie eine gläserne Wand vor den Fenstern. Ich hatte Heimweh nach Europa. Da war niemand, mit dem ich wirklich befreundet war. Ich kam mir ganz verloren vor in diesem Meer von fremden Gesichtern.

Und dann kam Weihnachten. Ich wohnte bei Europäern, die chinesische Diener hatten. Der oberste von ihnen war der Koch, Ta-tse-fu, der große Herr der Küche. Er radebrechte deutsch und war der Dolmetsch zwischen mir und dem Zimmer-Kuli, dem Ofen-Kuli, dem Wäsche-Kuli und was es da eben sonst noch an Dienerschaft im Haus gab.

Am Heiligen Abend, und ich saß wieder einmal verheult in meinem Zimmer, überreichte mir der Ta-tse-fu ein Geschenk. Es war eine chinesische Kupfermünze mit einem Loch in der Mitte, und durch das Loch waren viele bunte Wollfäden gezogen und dann zu einem Zopf zusammengeflochten. »Ein sehr altes Münze«, sagte der Koch feierlich. »Und die Wollfäden gehört auch dir. Wollfäden sind von mir und mein Frau und von Zimmer-Kuli und sein Schwester und von Eltern und Brüdern von Ofen-Kuli – von uns allen sein die Wollfäden.«

Ich bedankte mich sehr. Es war ein merkwürdiges Geschenk – und noch viel merkwürdiger, als ich zuerst dachte. Denn als ich die Münze mit ihrem bunten Wollzopf einem Bekannten zeigte, der seit Jahrzehnten in China lebte, erklärte er mir, was es damit für eine Bewandtnis hatte: Jeder der Wollfäden war eine Stunde des Glücks. Der Koch war zu seinen Freunden gegangen und hatte sie gefragt: »Willst du von dem Glück, das dir für das Leben vorausbestimmt ist, eine Stunde des Glücks abtreten?« Und Ofen-Kuli und Zimmer-Kuli und Wäsche-Kuli und ihre Verwandten hatten für mich, für die fremde Europäerin, einen Wollfaden gegeben, als Zeichen, daß sie mir von ihrem eigenen Glück eine Stunde des Glücks schenkten.

Es war ein großes Opfer, das sie brachten. Denn wenn sie auch bereit waren, auf eine Stunde ihres Glücks zu meinen Gunsten zu verzichten – es lag nicht in ihrer Macht, zu bestimmen, welche Stunde aus ihrem Leben es sein würde. Das Schicksal würde entscheiden, ob sie die Glücksstunde abtraten, in der ihnen ein reicher Verwandter sein Hab und Gut verschrieben hätte, oder ob es nur eine der vielen Stunden sein würde, in der sie glücklich beim Reiswein saßen; ob sie die Glücksstunde wegschenkten, in der das Auto, das sie sonst überfahren hätte, noch rechtzeitig bremste – oder die Stunde, in der das junge Mädchen vermählt worden wäre. Blindlings und doch mit weit offenen Augen machten sie mir, der Fremden, einen Teil ihres Lebens zum Geschenk.

Nun ja – die Chinesen sind abergläubisch. Aber ich habe nie wieder ein Weihnachtsgeschenk bekommen, das sich mit diesem hätte vergleichen lassen. Von diesem Tag an habe ich mich in China zu Hause gefühlt. Und die Münze mit dem bunten Wollzopf hat mich jahrelang begleitet. Ich habe sie nicht mehr. Eines Tages lernte ich jemanden kennen, der war noch übler dran als ich damals in Shanghai. Und da habe ich einen Wollfaden genommen, ihn zu den anderen Fäden dazugeknüpft – und habe die Münze weitergegeben.

Die magischen Raunächte

In der Nacht vom 24. auf den 25. Dezember beginnen die *Raunächte*. Sie heißen auch *Raunnächte* oder *Rauchnächte*, verbreiteter aber sind Namen wie die *Zwölf Weihnachtstage*, die *Zwölf Heiligen Nächte*, *Zwölfernächte* oder *Zwölfte*, denn sie dauern bis zum 6. Januar.

Die Raunächte galten bei unseren Urahnen als die unheimlichste Zeit des Jahres. In der Dunkelheit war die Macht der dunklen Kräfte und Dämonen am größten, und als sei das nicht genug, war man auch überzeugt, dass in den Raunächten die Toten umherzogen. Es handelte sich also um eine sehr gefährliche Zeit. Daher mussten viele Rituale beachtet und auf genau festgelegte Weise durchgeführt werden. Wer das unterließ, brachte im neuen Jahr Mensch und Tier in Gefahr. Man musste Wohnräume, Stallungen und Werkstätten aufräumen und ausräuchern, man durfte zwischen den Jahren keine Wäsche waschen, weil man so »einen Menschen aus dem Haus wäscht«. Im Erzgebirge passte man besonders auf, dass kein Christstollen zerbrach, da sonst jemand aus der Familie sterben würde. In vielen Gegenden wurde schon in der Sonnenwend-Nacht – der Thomasnacht – das weihnachtliche Früchtebrot, auch Kletzenbrot genannt, gebacken: »Nach dem Kneten des Teiges für diese Weihnachtsbrote liefen die Bäckerinnen auf den nahen Anger und umarmten die Obstbäume mit ihren teigigen Händen. Die fruchtbarkeitsfördernde Kraft des Kletzenbrotes sollte eine reiche Obsternte bewirken.«

In den *Zwölfernächten* war damit Schluss: Zwischen dem Thomasabend beziehungsweise dem Heiligen Abend und Dreikönig blieben die Backofentüren geschlossen. »Man glaubte, dass auf den während der Raunachtszeit gebackenen Broten kein Segen ruhe und Brot zu Stein oder vom Teufel geholt würde.«

Besonders wichtig sind die Träume in diesen zwölf Nächten. Raunächte sind *Lostage*, was ein altes Wort für Schicksalstage ist. Darum sind diese Träume Prophezeiungen, die sich im entsprechenden Monat des kommenden Jahres erfüllen werden. Die Bauern deuteten das Wetter der zwölf Tage als Hinweis auf das Wetter des jeweiligen, der Zahl entsprechenden Monats. Und das Wetter war wichtig, hing davon doch die Ernte und somit das Leben und Überleben aller ab.

Wir nennen diese Zeit heute auch »zwischen den Jahren«, und der Grund für diese merkwürdige Bezeichnung reicht bis in die Anfänge der Christenheit zurück. Zunächst begann das Jahr am 6. Januar; im vierten Jahrhundert legte Papst Liberius dann Jahreswechsel und Christi Geburt auf den 25. Dezember. Diese unterschiedlichen Daten sorgten offenbar jahrhundertelang für Verwirrung – man befand sich »zwischen den Jahren«. Ende des siebzehnten Jahrhunderts bürgerte sich schließlich »unser« 1. Januar ein.

Mancherorts schon am 27. Dezember, spätestens aber am 6. Januar, dem Dreikönigstag, machen sich die Sternsinger auf den Weg. Früher klopften arme Kinder an Türen und baten für sich um Almosen. Seit 1959 organisiert die katholische Kirche die jährliche Sternsingeraktion, bei der Kinder und Jugendliche aus der örtlichen Gemeinde für Kinder in Entwicklungsländern Geld sammeln.

Die Sternsinger verkörpern die Heiligen Drei Könige, daher tragen sie goldfarbene Bastelfolie-Kronen sowie von Müttern geschneiderte Turbane und Gewänder. An einem langen Stock führen sie den (Goldfolien-)Stern von Bethlehem mit. Sie gehen von Tür zu Tür, klingeln, sagen ein Gedicht auf und bitten um eine Spende. Mit geweihter Kreide schreiben sie die Buchstaben C+M+B, eingebettet in die jeweilige Jahreszahl – für 2012 also *20*C+M+B+12* (oder nur *20 C+M+B 12*) an die Haustür oder den Türbalken. Die Buchstaben C, M und B stehen sowohl für die Heiligen Drei Könige (Caspar, Melchior und Balthasar) als auch für die lateinische Segensbitte *Christus mansionem benedicat*: Christus segne dieses Haus.

Das katholische Kindermissionswerk *Die Sternsinger* ist außerordentlich erfolgreich: 2009 sammelten 500 000 Mädchen und Jungen fast 40 Millionen Euro Spenden.

Autoren- und Quellenverzeichnis

Deniz Başpınar. Geboren 1972 in Köln. Diplom-Psychologin und Autorin. Unter dem Titel *Die Kölümne* schreibt sie für ZEIT ONLINE über »Deutschland und Deutsche mit und ohne Hintergrund«.

Ö Tannenbaum erschien unter dem Titel *Ein Fest nach unserem Geschmack* zuerst am 18.12.2009 auf ZEIT ONLINE. © Deniz Başpınar.

Franz Bauer. Geboren 1901 in Nürnberg, gestorben 1969 in Nürnberg. Lehrer, Schriftsteller und Bühnenautor aus Franken. 1970 wurde ihm für sein bekanntes Gedicht *Die Christbaumspitz* die Bürgermedaille der Stadt Nürnberg verliehen.

Franz Bauer: *Die Christbaumspitz.* © Verlag M. Edelmann, Nürnberg.

Werner Bergengruen. Geboren 1892 in Riga, gestorben 1964 in Baden-Baden. Schriftsteller. Obwohl er seine Geburtsstadt Riga bereits 1903 verließ, sah er sich zeitlebens als Deutsch-Balten und blieb seiner baltischen Heimat tief verbunden. Bergengruen war als Schriftsteller viele Jahre lang außerordentlich produktiv und sehr erfolgreich. Kaschubien, die Gegend, auf die sich der Titel seines Weihnachtslieds bezieht, ist ein Landstrich westlich von Danzig und Gdynia, in der Kaschubisch gesprochen wird. Das Gedicht stammt aus dem Jahr 1927. Auf der Internetseite des Kaschuben Richard Glischinski ist zu lesen, Bergengruens Inspiration zu dem *Kaschubischen Weihnachtslied* seien Erzählungen einer kaschubischen Hausangestellten seiner Eltern gewesen, die damals in Danzig lebten.

Werner Bergengruen: *Kaschubisches Weihnachtslied.* Aus: *Meines Vaters Haus. Gesammelte Gedichte*. Hg. v. N. Luise Hackelsberger. © Arche Literartur Verlag AG, Zürich/Hamburg 1992/2004.

Carmen Blazejewski. Geboren 1954 in Grimma. Dramaturgin und Autorin.

Carmen Blazejewski: *Weihnachten wohnt im Fliegenschrank.* Aus: *Weihnachten, als ich klein war*. Hg. v. Angelika Kutsch. © Oetinger Verlag, Hamburg 1996.

Jan Eik. Geboren 1940 in Berlin. Schriftsteller, vor allem von Krimis, sowie Sachbuch- und Drehbuchautor.

Jan Eik: *Weihnachtsüberraschung.* Aus: *Weihnachten und andere Katastrophen. 24 Adventsgeschichten*. Hg. v. Anne Enderlein/Cornelie Kister. Ullstein Verlag, Berlin 1998/2002. © Helmut Eikermann.

Hans Fallada. Geboren 1893 in Greifswald, gestorben 1947 in Berlin. Schriftsteller. Fallada hieß eigentlich

Rudolf Ditzen. Sein Pseudonym wählte er nach dem sprechenden Pferd Falada in dem Grimm'schen Märchen *Die Gänsemagd*. Dieses Pferd stand so treu zu seiner Herrin, dass es auch nach seinem Tod noch das Unrecht anprangerte, das ihr widerfahren war. »Lüttenweihnachten« bedeutet, einen Baum mit Futter für die Tiere im Wald zu schmücken.

Hans Fallada: *Lüttenweihnachten*. Aus: Hans Fallada: *Märchen und Geschichten. Ausgewählte Werke in Einzelausgaben*. Hg. v. Günter Caspar. Band IX. © Aufbau-Verlag GmbH & Co. KG, Berlin 2009. (Dieses Werk erschien erstmals 1985 im Aufbau-Verlag; Aufbau ist eine Marke der Aufbau Verlag GmbH & Co. KG.)

Robert Gernhardt. Geboren 1937 in Reval (heute: Tallinn), gestorben 2006 in Frankfurt am Main. Schriftsteller, Lyriker, Essayist, Zeichner und Maler.

Robert Gernhardt: *Die Falle. Eine Weihnachtsgeschichte*. Aus: Robert Gernhardt: *Die Blusen des Böhmen*. © S. Fischer Verlag GmbH, Frankfurt am Main 1993.

Johann Wolfgang von Goethe. Geboren 1749 in Frankfurt am Main, gestorben 1832 in Weimar.

Detlev Gröning. Geboren 1958 in Schleswig.
Harald Wehmeier. Geboren 1953 in Osnabrück-Schinkel.

Journalisten beim Norddeutschen Rundfunk (NDR). *Weihnachten in Stenkelfeld* gehört zu der Hörspiel-

Reihe *Stenkelfeld,* die der NDR in den neunziger Jahren sendete. Dabei handelt es sich um Satiren auf Rundfunkreportagen, die von Gröning und Wehmeier geschrieben und gesprochen wurden.

Die Geschichte *Weihnachten in Stenkelfeld,* von Gröning und Wehmeier selbst gesprochen, können Sie hier hören: http://www.ndr.de/ndr2/audio57697.html

Detlev Gröning/Harald Wehmeier: *Weihnachten in Stenkelfeld.* Aus: Detlev Gröning/Harald Wehmeier: *Stenkelfeld. Das Buch.* © Ganser & Hanke Buchverlag, Hamburg 1998.

Max von der Grün. Geboren 1926 in Bayreuth, gestorben 2005 in Dortmund. Schriftsteller.

Max von der Grün: *Fahrtunterbrechung.* Aus: Max von der Grün: *Ein Bild von Eintracht und Verlorenheit. Gesammelte Erzählungen.* Werkausgabe Band IX. © Pendragon Verlag, Bielefeld 2011.

Ursula Heinzelmann. Geboren 1963 in Berlin. Gelernte Köchin und Sommelière, Journalistin für Essen und Trinken, Kochbuchautorin. Sie schreibt regelmäßig für mehrere Zeitungen und Zeitschriften, u.a. für die *Frankfurter Allgemeine Sonntagszeitung* und für *Effilee.*

Vincent Klink. Geboren 1949 in Gießen. Koch, Autor, Herausgeber. Klink wuchs in Schwäbisch Gmünd auf, was seine Vorstellung von gutem Essen nachhaltig geprägt hat. Er besitzt das Stuttgarter Restaurant »Wielandshöhe« und kocht regelmäßig im SWR. Er hat auch einen eigenen Verlag, die Edition Vincent Klink, wo u.a. die Vierteljahresschrift *Häuptling Eigener Herd* erscheint.

Vincent Klink: *Die Weihnachtsgans.* Aus: Wiglaf Droste/Nikolaus Heidelbach/Vincent Klink: *Weihnachten.* © List Verlag, Berlin 2009.

Fadumo Korn. Geboren 1964 im Großen Regen in Somalia. Autorin und Dolmetscherin. Sie kam 1979 nach München. Dort lernte sie wenig später ihren Ehemann Walter Korn kennen, der Bildredakteur ist. 1990 zogen die beiden mit ihrem kleinen Sohn in das Haus, das Schauplatz ihrer Geschichte ist. Die Korns und ihre Nachbarn pflegen die beschriebene Weihnachtstradition bis heute – Jahr für Jahr bereiten sie zusammen die Flurgans zu, und Uschi, die zwischen der 9. und 10. Gans auszog, ist auch noch jedes Jahr mit dabei.

Fadumo und Walter Korn: *Die Flurgans.* Aus: *Alljährlich grüßt die Weihnachtsgans. Ein Literarisches Festmenü.* Hg. v. Brigitta Rambeck. © Dtv, München 2005.

Joe Lederer. Geboren 1904 in Wien, gestorben 1987 in München. Journalistin und Schriftstellerin. Wegen ihrer jüdischen Herkunft musste sie aus Wien fliehen und lebte 1934/1935 einige Monate in Shanghai. 1939 emigrierte sie nach Großbritannien und wurde britische Staatsbürgerin. In den fünfziger Jahren zog sie nach München, wo sie als Übersetzerin, Lektorin und Drehbuchautorin arbeitete.

Joe Lederer: *Das Geschenk des Glücks.* Aus: Joe Lederer: *Von der Freundlichkeit der Menschen.* © Desch Verlag, München/Wien/Basel 1964, F. A. Herbig Verlagsbuchhandlung GmbH, München 1978.

Wilhelm Matthießen. Geboren 1891 in Gemünd/Eifel, gestorben 1965 Bogen/Bayern. Kinder- und Jugendbuchautor.

Wilhelm Matthießen: *Die Geschichte von den Lebkuchen.* Aus: Wilhelm Matthießen: *Der bunte Kuckuck. Neue Märchen aus dem alten Haus.* © Verlag Herder GmbH, Freiburg im Breisgau 2009.

Christoph Peters. Geboren 1966 in Kalkar (Nordrhein-Westfalen). Schriftsteller und Zeichner.

Christoph Peters, *Mein einziger Pölter.* Aus: *Alles Lametta. Autoren feiern das Fest.* Hg. v. Susann Rehlein. Piper Verlag, München 2002. © Christoph Peters.

Margit Schönberger. Geboren 1948 in Salzburg. Literaturagentin und Autorin.

Angelika Schrobsdorff. Geboren 1927 in Freiburg im Breisgau. Schriftstellerin. Sie wuchs in Berlin auf, musste 1938 mit ihrer jüdischen Mutter nach Sofia fliehen. Später lebte sie in Paris und Jerusalem, bis sie 2006 nach Berlin zurückkehrte.

Angelika Schrobsdorff wurde übrigens am 24. Dezember geboren.

Angelika Schrobsdorff: *Lauter dummes Zeug*. Aus: Angelika Schrobsdorff: *Du bist nicht so wie andere Mütter*. © Hoffmann und Campe Verlag, Hamburg 1992.

Walter Sittler. Geboren 1952 in Chicago, USA. Schauspieler.

Walter Sittler: Malin. Pendragon Verlag, Bielefeld 2007. © Walter Sittler.

Eugen Skasa-Weiß. Geboren 1905 in Nürnberg, gestorben 1977 in London. Journalist und Schriftsteller.

Eugen Skasa-Weiß: *Popart auf Weihnachtstellern*. Aus: *Vom Himmel hoch. Ein Weihnachtsbuch. Geschichten, Gedichte und Lieder mit Noten*. Hg. v. Ingrid Schoefinius-Pfeiffer. Goldmann Verlag, München 1969. © Ruprecht Skasa-Weiß.

Erwin Strittmatter. Geboren 1912 in Spremberg (Brandenburg), gestorben 1994 in Schulzenhof bei Dollgow (Brandenburg). Strittmatter war einer der Erfolgsautoren der DDR, der, wie DER SPIEGEL 1994 schrieb, »stets loyal zum Arbeiter-und-Bauern-Staat stand, aber niemals als willfähriger Parteidichter galt«. Im Herbst 1996 wurde bekannt, dass er mit der Stasi zusammengearbeitet hatte.

Erwin Strittmatter: *Der Weihnachtsmann in der Lumpenkiste*. Aus: Erwin Strittmatter: *¾hundert Kleingeschichten*. © Aufbau Verlag GmbH & Co. KG, Berlin

1971. (Dieses Werk erschien erstmals 1971 im Aufbau-Verlag; Aufbau ist eine Marke der Aufbau Verlag GmbH & Co. KG.)

Lotte Tiedemann: *Zu Weihnachten eine Giraffe.* Aus: *8 Weihnachtsgeschichten zum Vorlesen und Erzählen.* Verlag Franz Schneider, München/Wien 1969. © Lotte Tiedemann.

Fritz Vincken. Geboren 1942, vermutlich in Aachen, gestorben 2001 in Honolulu, Hawaii. Vincken erzählt eine Geschichte, die er und seine Mutter selbst erlebt haben. Vincken wanderte 1959 nach Kanada aus, einige Jahre später eröffnete er in Honolulu die Bäckerei »Fritz European Bakery«. Die Geschichte *Zwischenfall im Hürtgenwald* erschien zunächst im Reader's Digest. Sie ist in der englischsprachigen Welt sehr bekannt, dort heißt sie entweder *The Night God came to Dinner* oder *Truce in the Forest.* Bekannt machte sie der amerikanische Präsident Ronald Reagan. Er las sie am 5. Mai 1985 bei einem Staatsbesuch mit Bundeskanzler Helmut Kohl auf dem Soldatenfriedhof in Bitburg vor. Siehe dazu auch: http://www.spiegel.de/spiegel/print/d-13513702.html

Fritz Vincken: *Zwischenfall im Hürtgenwald.* Aus: *Weihnachtsgeschichten vom Niederrhein.* Hg. v. Gundel Paulsen. Husum Verlag, Husum 1988. © Aus der Monatszeitschrift *Reader's Digest Deutschland.* Mit freundlicher Genehmigung des Verlages (ohne Jahresangabe).

Walter Zauner. Schriftsteller, Komponist, Satiriker und Kabarettist.

Walter Zauner: *Aus dem Tagebuch eines engagierten Münchner Weihnachtsmarktbesuchers.* Eine Überarbeitung der Erzählung: *Der Christkindlmarktexperte.* Aus: *Horch, was kommt von draußen rein. Himmlische und irdische Botschaften zur Weihnachtszeit.* Hg. v. Brigitta Rambeck. Dtv, München 2006. © Walter Zauner.